Inhalt

Vorwort & Danksagung

*I*ch freue mich, mit diesem Buch allen Leserinnen und Lesern eine mir persönlich sehr wichtige Botschaft vermitteln zu können: Wir sind nicht allein, weder im Universum noch in unserem Leben.

Nur zusammen können wir unser Netzwerk hier auf Erden erstrahlen lassen und die Erde in einer ihrer wichtigsten Entwicklungs- und Aufstiegsphasen unterstützen. Genieße dieses Leben! Zu keiner Zeit hatten wir diese unglaublichen Möglichkeiten, zu keiner Zeit waren die Schleier so dünn und der Weg in die Heimat frei. Alles verbindet sich, alles wird eins!

Ich habe einige meiner lieben Autorenfreunde gefragt, ob sie mit uns allen in diesem Buch je eines ihrer Erlebnisse mit den Einhörnern teilen möchten. Ich freue mich sehr über ihre Texte und sage von Herzen Danke an Jeanne Ruland, Anne-Mareike Schultz, Susanne Hühn, Eva-Maria Mora, Isabelle von Fallois, Sonja Ariel von Staden und Michael Manthey. Danke für eure wundervollen Erzählungen, die mich sehr berührt haben.

Ich danke von Herzen meinem »Garten Eden«-Team, das mich jeden Tag auf unserer gemeinsamen, spannenden Reise mit den Einhörnern tatkräftig unterstützt. Ich danke meinem Mann für seine Unterstützung und Offenheit, mit mir diesen, unseren Weg zu gehen. Ich danke meiner Mama, die mich jeden Tag auf meinem Weg begleitet und unterstützt. Ich danke all den vielen Menschen, denen ich in den letzten Jahren begegnet bin, für ihr offenes Herz und die vielen tollen Erzählungen und Erlebnisse, die wir austauschen durften. Ich danke von Herzen dem Schirner Verlags-Team, das uns so unglaublich liebevoll unterstützt. Danke an das Lektoratsteam, und besonders danke ich meiner Lektorin Kerstin Noack. Danke an das Grafikteam und an die wundervollen Illustratorinnen Carola Gümüs und Katharina Kelting.

Und von Herzen Danke an Heidi und Markus Schirner in tiefer Verbundenheit und Freundschaft – ohne euch wäre das alles nicht möglich!

Danke an die Geistige Welt, die Engel und Einhörner, Meisterinnen und Meister, meine persönliche Geist- und Lichtführung, danke für alles, was ihr mir mit dem Schreiben dieses Buches gezeigt und mich gelehrt habt.

Danke auch an dich, der oder die du gerade dieses Buch in den Händen hältst, ich freue mich auf unsere gemeinsame Reise mit dem goldenen Buch der Einhörner.

In Liebe

Melanie Missing

Der Weg der

Einhörner in die

heutige Zeit

Einhörner, ein sagenumwobener Mythos oder Realität?

Seit jeher sprechen die Menschen von Einhörnern, und es stehen viele Fragen ohne Antwort im Raum. Wenn es sie gibt, wo kommen sie her und warum sind sie keine Fabelwesen? Wie kann man zu ihnen Kontakt aufnehmen? Wie können sie uns helfen? Was haben sie uns mitzuteilen? Warum wird von ihrer Anwesenheit in jeder Epoche gesprochen, und doch hat sie physisch niemand je gesehen? Oder können wir uns vielleicht nur nicht mehr daran erinnern?

Fragen über Fragen auf der Suche nach dem Einhorn.

Hier die erste gute Nachricht: Sie existieren!

Nicht nur in unserer Fantasie …

In diesem Buch möchten sie uns von ihrem Sein und davon, wie sie ihr Weg wieder zu uns in die heutige Zeit geführt hat, berichten.

An dieser Stelle möchte ich mich all jenen vorstellen, für die dieses Buch »unsere« erste Begegnung ist. Mein Name ist Melanie Missing und ich hatte meine erste Begegnung mit diesen wundervollen Lichtwesen im Jahr 2009. In diesem Buch werde ich immer wieder von den unglaublichen Erlebnissen, den Zeugnissen ihrer Anwesenheit und ihrer Existenz berichten.

Ich darf für die Einhörner als eine der Mittlerinnen zwischen Himmel und Erde dienen und freue mich sehr, dir vom Licht und der Liebe der Einhörner berichten zu dürfen.

Ich selbst hatte meine erste bewusste Engelbegegnung mit 21 Jahren in einem für mich sehr traurigen Moment, doch diese Begegnung und Berührung veränderte mein ganzes Leben. Die Engel wurden zu einem wichtigen Teil in meinem Leben, und ich war froh,

sie so früh wiederentdeckt zu haben, um mich nie wieder allein fühlen zu müssen.

Von der ersten Begegnung mit den Engeln bis zu meinem ersten Kontakt mit den Einhörnern vergingen 10 Jahre.

Es war der 09.09.2009, ich hatte gerade meinen Job in leitender Position in einem großen Unternehmen gekündigt. Ich konnte einfach nicht länger ertragen, dass nur Macht und Profit zählen sollten.

Ich saß – wie zu dieser Zeit an jedem Morgen – im Garten und betete. Ich sagte: »Bitte, bitte, lieber Gott, hilf mir! Lass es kein Büro mehr sein, sei doch du mein Arbeitgeber, das wäre das Schönste, was ich mir überhaupt vorstellen könnte.«

Ich konnte ab dem Moment, in dem ich meinen Job kündigte, ein tiefes Gefühl des Vertrauens in mir spüren. Ich wusste, alles wird gut, aber ich wusste nicht wie und wodurch.

Einhörner habe ich bis zu diesem Zeitpunkt nie wirklich an meiner Seite wahrgenommen, und da ich zu dieser Zeit noch Angst vor Pferden hatte, war es noch ungewöhnlicher für mich, als ich ihnen wie folgt begegnete:

Ich habe eine Irish Setter Hündin, die an jenem Tag mit mir im Garten war. Auf einmal bemerkte ich, dass sie unruhig wurde. Das hatte ich in dieser Form nie zuvor bei ihr wahrgenommen. Sie wusste überhaupt nicht, wohin und war völlig aufgeregt. Im nächsten Moment spürte ich eine starke Druckwelle, die mich erfasste. Vor meinen Augen wurde alles golden. Aus goldenem Licht entstand eine große Spirale, die sich immer weiter aufdrehte, und im nächsten Moment kamen Hunderte von Einhörnern auf mich zu.

Sie berührten mich mit einer Liebe, die ich so nie zuvor gespürt hatte und begrüßten mich zu diesem Tag, zu unserer Verabredung, zu meiner Lebensaufgabe. Ich solle mir keine Gedanken mehr machen, alles würde gut, sagten sie und erklärten mir, dass sich mit dieser Spirale das Lichttor der Einhörner, der Weißen Bruderschaft, geöffnet hätte und diese Einhornherde ab sofort an meiner Seite sei.

Jede Einhornherde hat ein herdenältestes Einhorn. In der Herde, mit der ich verbunden bin, ist dies Sirius. Ich bin tief mit ihm verbunden, und von ihm stammt all mein Wissen über die Lichtenergie der Einhörner, das ich in Vorträgen und Seminaren bereits an viele Menschen weitergeben durfte.

Mit diesem Tag, an dem ich die Einhörner das erste Mal bewusst traf, hat sich mein ganzes Leben verändert. Es war auch für mich ein Prozess, ganz mit dieser Energie vertraut zu werden, ihrer Führung zu folgen und in der Öffentlichkeit über sie zu sprechen.

Für viele Menschen ist dieses Thema immer noch neu, für viele ist es völlig abwegig. Andere wiederum sind froh, dass es sich innerhalb weniger Jahre so rasend schnell manifestieren durfte und man ernst genommen wird, wenn man über die Begegnungen und Erlebnisse mit diesen wundervollen Lichtwesen spricht.

Meine ersten Fragen an die Einhörner waren – weil ich ja so tief mit den Engeln verbunden bin und war: Wo kommt ihr her? Wie wirkt ihr zusammen?

Viele der Antworten und Informationen, die die Einhörner nach und nach an mich herantrugen, möchte ich gerne in diesem Buch mit euch teilen.

Es ist eine spannende Zeit, in der wir leben und vor allem bewusst erleben dürfen, und genau darum geht es: darum, dass jeder die Energie selbst erleben und spüren kann. Die gelebte Spiritualität auf der Erde hat sich gewandelt, und ich mag nichts vorsagen oder

Energiearbeit und -wissen elitär behandeln. In jedem von uns liegt das vollkommene Wissen, die göttliche Kraft, und es braucht nur Impulse, Momente und Menschen, die dich wieder daran erinnern, wie du all dies für dich abrufen und anwenden kannst.

Darum habe ich in dieses Buch viele Übungen und Meditationen integriert, mithilfe derer du die Energie selbst erfahren und spüren kannst.

Mit diesem Buch wollen die Einhörner von ihrer Existenz seit Anbeginn der Zeit erzählen und unsere Seelen an jene Zeit erinnern, in der wir gemeinsam mit ihnen auf der Erde inkarniert waren.

Auch ich befinde mich im Prozess des Erinnerns und komme mit dem Schreiben dieser Zeilen immer weiter, immer tiefer in Verbindung mit meinem Ursprung, in mein Erleben und Erwachen.

Ich freue mich, wenn auch dir dieses Buch in deinem Erleben und Erwachen dienen wird.

Willkommen in der 5. Dimension, in der du die Einhörner mehr und mehr spüren und wahrnehmen wirst.

Zu Beginn möchte ich erzählen, warum dieses Buch »Das goldene Buch der Einhörner« heißt.

Das goldene Licht!

Goldenes Licht ist eine sehr kraftvolle Energie, denn golden ist das Licht aus der höchsten Quelle der Liebe. Generell ist das Element Gold für uns auf der Erde sehr wertvoll, und ich bin so unendlich stolz, euch über so etwas Wertvolles wie die Einhörner berichten zu dürfen.

Etwas Goldenes ist immer auch etwas Besonderes, ein Schatz. Einhörner sind einer der größten Schätze des Universums, und es ist wichtig, dass wir etwas, was so wertvoll ist, gemeinsam schützen, das Wissen darum bewahren und es wie einen Schatz weitergeben.

Das Wertvollste in deinem Leben bist du. Darum schenke dir einen persönlichen goldenen Segen auf der nächsten Seite:

$\mathcal{G}$oldener persönlicher Segen:

_____

Dein Name

_____
_____
_____
_____
_____
_____
_____
_____

_____

Datum

Das goldene Licht und der Regenbogen

Wir alle kennen den Spruch:

»Am Ende des Regenbogens steht ein Topf mit Gold!«

Es ist wahr! Die Einhörner berichteten mir, wie sie dieses goldene Licht in unsere Herzen bringen.

Das goldene Licht entsteht durch das Zusammenspiel der Farben des Regenbogens. Es ist für unsere Augen nicht sichtbar, aber dennoch vorhanden. Die Farben des Regenbogens öffnen unse- re Herzen – im selben Moment berührt uns ein Einhorn mit seinem Lichthorn, in dem es die vereinte Energie des Regenbogens trägt. Die Berührung des Horns bringt diese Energie zu uns, sie öffnet unser Herz, so kann uns ein Einhorn gezielt die Lichtenergie senden, die wir benötigen.

Die Einhörner sagen, sie berührten uns an den Punkten der Seele, an denen wir noch nie zuvor berührt worden seien. Das, was unser Sein schon so lange von Inkarnation zu Inkarnation mit sich trägt und uns beschwert – und vielleicht auch an mancher Stelle nicht wei- terkommen lässt –, berühren sie. Sie helfen uns, schwierige Themen und Situationen liebevoll anzuschauen und aufzulösen.

Diese Form der Weiterentwicklung war unseren Seelen nur zu Zeiten Lemuriens und Atlantis´ auf der Erde möglich.

Es ist ein großer Segen, genau jetzt, zu dieser Zeit, auf der Erde inkarniert zu sein und dieses Geschenk, die Liebe der Einhörner, bewusst an- und wahrzunehmen.

Unsere Seelen erfahren dadurch enorme Entwicklungsmöglichkeiten.

Durch die Berührung mit dem goldenen Licht der Einhörner haben unsere Seelen die Möglichkeit, ihren Ausdruck zu finden und durch das goldenen Licht Visionen zu empfangen, zu manifestieren und zu verwirklichen.

Gold steht für Erleuchtung. Wenn du ganz in deine Kraft kommst, kommt die Erleuchtung zu dir. Denn dann kann deine Seele mühelos dem göttlichen Plan folgen und du kannst Fügung erfahren und erleben.

Das Geschenk der Einhörner an uns ist ihre Berührung, die uns hilft, uns ganz zu fühlen und wahre Freiheit zu erleben. Das ist das Gold im Topf am Ende des Regenbogens, die Freiheit …

Der Regenbogen ist die Verbindung zwischen Himmel und Erde, die Verbindung von Herz zu Herz, die Frieden bringt, die Verbindung zwischen uns und den Einhörnern, die die Friedensbringer der »Neuen Welt« sind.

Es werde Frieden auf Erden und in unseren Herzen.

Ihr werdet merken, dass der Regenbogen uns in diesem Buch von Seite zu Seite begleitet.

Was können die Einhörner für uns tun?

*D*ie Einhörner helfen uns dabei, die Kraft unserer Seele während des Menschseins zu spüren.

Sie schauen mit uns in die tiefsten Tiefen unseres Seins und helfen uns dabei, das, was unser Glück verdeckt, liebevoll anzuschauen und aufzulösen.

Sie helfen uns dabei, den Bezug zu Mutter Erde wiederherzustellen, ihr zu vertrauen, sie wertzuschätzen und dankbar zu sein für alles, was sie für uns bereithält.

Die Einhörner helfen uns dabei, wieder ganz zu vertrauen, dem Leben, den eigenen Träumen und Visionen Raum zu geben und sie Wirklichkeit werden zu lassen.

Sie nennen es auch Seelenführung auf unserem Licht- und Lebensweg, denn sie gehen wirklich jeden unserer Schritte mit uns, wenn wir es wünschen.

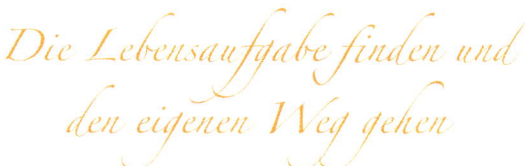

Die Lebensaufgabe finden und den eigenen Weg gehen

*E*ine der wichtigsten Fragen dieser Zeit ist: Wie finde ich meine Lebensaufgabe und wie können mir die Einhörner dabei helfen?

Ich möchte euch gern erzählen, was mich die Geistige Welt dazu gelehrt hat.

Wir alle wachsen und entwickeln uns jeden Tag aufgrund der Annahme, dass die geistige Welt uns bedingungslos liebt!

Das ist die Grundlage, die wir brauchen, um angstfrei zu sein, um unseren Weg vertrauensvoll gehen zu können und wirklich daran zu glauben, dass Gott – oder wie auch immer du ihn nennen magst – bei uns ist und für uns sorgt.

Das Wichtigste, was wir tiefgreifend verstehen dürfen, ist, dass wir niemals alleine sind. Gott wird uns niemals aufgeben. Er und seine Heerscharen an Helfern werden uns immer aus allen Schwierigkeiten herausholen.

Erst, wenn wir das als wahr angenommen haben, können wir unseren Lebensweg gehen. Alles, was es dann noch braucht, ist, sich selbst zu vertrauen, denn ein Mangel an Vertrauen in uns selbst ist das, was unserem Glück oftmals im Wege steht. Glaube an dich und wisse, alles ist möglich dem, der glaubt!

Ich höre immer wieder den Satz: »Ich würde sie auch so gerne sehen.«

Dazu möchte ich Folgendes sagen: Du hast genau jetzt die richtigen Fähigkeiten und Talente entwickelt, die dir und deiner Entwicklung dienlich sind. Mit dem Sehen ist das so eine Sache. Ich glaube, viele Menschen haben eine völlig falsche Vorstellung, nämlich die von bunten, leuchtenden Bildern. Natürlich ist es schön, auch mal ein lichtvolles Bild zu sehen, aber wisse: Wenn man sieht, sieht man alles! Mit »alles« meine ich auch andere, negative Energien, die Angst machen können. Vielleicht könnte deine Seele diese Bilder gerade gar nicht verarbeiten und du würdest aus einer Angst heraus deinen Weg blockieren – das wäre wirklich schade, denn wir alle sind doch den Dienst auf der Erde angetreten, um den ewigen Kreislauf der Wiedergeburt irgendwann zu durchbrechen, um, wenn es so weit ist, nur noch aus Liebe auf die Erde zu gehen und nicht, weil wir uns noch fertig entwickeln müssen oder Karma in uns tragen.

Ein großes Thema in der heutigen Zeit ist die Suche nach der Lebensaufgabe, denn die meisten Seelen sind auf dem Weg zu ihrer Meisterschaft und bereit, ihre Seele aufsteigen zu lassen.

Mir fiel es früher sehr schwer, im Einklang zu leben. Wenn ich zu viel im Himmel war, hatte ich Heimweh, und wenn ich zu viel auf der Erde war, fühlte ich mich getrennt.

Erst durch den Einklang mit Himmel und Erde verschwanden diese Gefühle – einer der wichtigsten Schritte dazu ist die Erdung. Je stärker du mit Mutter Erde verbunden bist, je fester deine Bodenhaftung ist, desto näher kannst du der Geistigen Welt sein.

Die Einhörner haben mir dabei geholfen, den Kontakt mit der Erde herzustellen, um wirklich hier anzukommen. Ich habe diese Phase ganz bewusst erlebt, als ich begann, mich mit der Energie von Erzengel Metatron und dem Einhorn Erdenkraft zu verbinden, indem ich sie als Essenz immer wieder sprühte. Das war für mich einer der intensivsten Prozesse, um auf der Erde anzukommen und Balance zu finden.

Was dann passierte, war grandios. Ich habe eine neue Liebe zum Planeten Erde entwickelt und bin wirklich gern hier, aber auch gern in der geistigen Ebene. Ich kann ohne Probleme hier oder dort sein.

In beiden Welten können wir wichtige Erfahrungen sammeln, in der Geistigen Welt jene für die Zeit auf der Erde und auf der Erde jene für die Geistige Welt.

Manchmal muss man sehr hoch steigen, um tief in sich selbst blicken zu können. Z.B. in der Höhe schlafen, das heißt, in der Nacht in geistige Höhen aufsteigen, in den verschieden Ebenen des Ätherreiches verweilen und sich schulen lassen, um am Tage von diesem Wissen profitieren zu können.

Es ist so, wie »geistiges Doping«, das uns glücklich erwachen lässt, wie nach einem wundervollen Traum. Denn wenn wir des Nachts an diesen Orten der Geistigen Welt verweilen, tanken wir Energie auf, die uns neue Schaffenskraft verleiht.

Diese Schaffenskraft ist dringend nötig, um das, was durch uns in die Welt will, auch im Außen sichtbar zu machen. Natürlich helfen uns alle Lieben da oben dabei, unseren Plan zu verwirklichen. Das geht nicht während wir auf dem Sofa sitzen und darauf warten, dass es passiert.

Also warte nicht darauf, dass dir etwas zufällt! Hilf dir selbst, dann kann dir auch Gott helfen.

Es gibt diesen schönen Witz, in dem ein Mann seit Jahren jeden Tag in die Kirche geht und vor der Jesus-Statue immer wieder betet: »Bitte, Jesus, bitte mach, dass ich im Lotto gewinne.« Das macht der Mann über mehrere Jahre. Irgendwann kann es Jesus einfach nicht mehr mit ansehen, der Mann kommt wie jeden Tag und bittet: »Lieber Jesus, bitte lass mich im Lotto gewinnen.« Da reicht es Jesus und er ruft laut: »Ich würde ja gerne, aber kauf dir doch endlich mal ein Los!«

Aktion bedeutet Reaktion.

Als ich begann, mit den Einhörnern an meiner Seite zu leben, war es wie ein Wunder. Mein ganzes Leben veränderte sich in rasender Geschwindigkeit zum Besseren – ich konnte ihre Führung ganz deutlich wahrnehmen.

Natürlich gibt es bis heute – und das wird auch nie aufhören – Hürden und Prüfungen auf meinem Weg, doch ich habe aufgehört, sie als Strafe zu sehen. Gott straft nicht, er schickt uns lediglich Geschenke, die uns liebevoll korrigieren und uns helfen, Dinge anders und unseren Weg zu unserem eigenen Wohle besser zu machen.

Die liebevolle Hilfe der Lichtwesen gibt uns zusätzlich Kraft.

Es braucht Mut, sich der eigenen Wahrheit zu stellen. Die Überzeugung, dass andere an meiner Situation schuld sind, entspricht nicht der Realität, ebenso wenig wie die Überzeugung, wenn die anderen sich ändern, wird alles besser.

Unsere Realität kann sich nur dann ändern, wenn wir uns verändern: ob das positivere Gedanken sind, gewandelte Verhaltensweisen wie z.B., sich gesünder zu ernähren oder, oder …

Sei du selbst die Veränderung, die du dir für dein Leben wünschst. Krempel die Ärmel hoch und sage deiner persönlichen Geist- und Lichtführung: »Ich bin bereit! Womit soll ich anfangen?«

Dann kann der Himmel beginnen, für dich zu wirken.

Finde die Balance, komme noch einmal neu auf der Erde an und begib dich immer stärker in die 5. Dimension. Rufe ihre Energie und bitte sie, jetzt in deinen Räumen anwesend zu sein. Du wirst die Veränderungen deutlich spüren und die Einhörner, die direkt an deiner Seite stehen, deutlich wahrnehmen können.

Ihre Seelenführung ist eines der größten Geschenke, das sie uns machen. Nimm ihr Geschenk in Liebe an und gehe deinen dir vorbestimmten Weg!

Unsere Lebensaufgabe besteht aus diesen drei Worten!

Glaube:

Glauben ist eine Lebenseinstellung ...

Glaube daran, dass dir jeden Tag nach deinem Glauben geschehen wird, denn nur das Beste wartet auf dich!

Glauben gibt dir Kraft ...

Alles ist möglich dem, der glaubt!

Liebe:

Liebe, Liebe, Liebe, Liebe, Liebe, Liebe, Liebe, Liebe, Liebe, Liebe, Liebe, Liebe, Liebe, Liebe, Liebe,

Liebe ist ... alles ... und alles ist Liebe!

Hoffnung:

Was auch immer geschieht, verliere nie die Hoffnung! Hoffnung ist eine positive Grundhaltung. Hoffnung befreit dich von negativen Gefühlen. Hoffe zuversichtlich, und erwarte die Hoffnung voller Vertrauen.

Denn heute wird dir etwas Wundervolles widerfahren ...

Mein geliebtes Einhorn – treue Hilfe in Zeiten der Not

von Sonja Ariel von Staden

Seit 2005 darf ich die Gegenwart der Einhörner spüren und genießen. Von unserer ersten Begegnung an nahm ich sie sehr intensiv wahr – vor allem in der Natur, wenn ich durch Wälder streifte und meditierte.

Besonders mein persönliches Einhorn half mir in der Vergangenheit schon oft mit seiner Weisheit und Klarheit, innere und äußere Hürden zu überwinden. Immer, wenn ich in Rätseln, Verwicklungen oder Verwirrung feststeckte und keinen Ausweg mehr sah, war es da, um mir zu helfen. In diesen Momenten bedurfte es manchmal nur eines – mal sanften, mal hartnäckigen – Stupsers mit dem symbolischen Horn, damit ich meinen gewählten Weg weiterverfolgte. Das war nicht immer ein Vergnügen, doch da ich die pure Liebe spürte, die in dieser Geste steckte, konnte ich die Aufforderungen mit offenem Herzen annehmen.

Diese Liebe ist es auch, die mich durch meine aktuelle Zeit trägt und mir ein sicheres Netz schenkt. Seit ich denken kann, habe ich durch meine hohe Sensibilität und meine oft viel zu offenen Sinne Schwierigkeiten, mich auf der Erde wohlzufühlen. Bis zu meinem 30. Lebensjahr empfand ich mein Dasein als Qual – bis ich von meinem Schutzengel sehr deutlich darauf hingewiesen wurde, dass ich die Wahl habe: gehen oder bleiben. Ich entschied mich damals für das Bleiben, und es sollte endlich Spaß machen!

So setzte ich alles daran, endlich meine Kräfte voll zu entfalten und das Leben zu genießen. Dies gelang mir auch: Ich wurde endlich zu einer erfolgreichen Künstlerin und Autorin. Dies war mein großes Lebensziel.

Oft habe ich mich mit meinem Einhorn und meinem Schutzengel beraten, wenn ich morgens aufwachte und abends zu Bett ging. Die beiden sind immer links und rechts an meiner Seite, um mich treu und kraftvoll durch meine Tage zu begleiten. Wenn ich mit ihnen besprach, was ich alles noch in meinem Leben vorhatte, gelang es ihnen nur selten, mich zu bremsen. Seit meinem Erwachen 2001 gebe ich Vollgas! Meine ganze Energie und Liebe fließen nun in Projekte, um Menschen auf ihrem Lebensweg positiv zu unterstützen.

Doch leider gelang mir dies nicht immer ohne Folgen – und so hangelte ich mich unbewusst von einem Burnout zum nächsten. Letztes Jahr, nach dem herrlichen Einhorn-Sommer-Camp, brach ich zusammen. Beinahe hätte ich mein Leben ausgehaucht, doch ich bekam noch eine Chance …

Meine Engel und Einhörner lehren mich seitdem intensiv – und dieses Mal höre ich geduldig zu. Ich will nicht mehr mit meinem Dickkopf durch die Wand, lasse mein Ego in den Hintergrund treten, transformiere meine Glaubensmuster und folge nun meinem Herzensweg in die Stille.

Ich bin so dankbar, dass ich neben wundervollen Menschen auch meine energetischen, liebevollen Begleiter habe, die mich ehrlich und weise beraten. Danke, dass es euch gibt.

Einhörner:

Licht-

oder

Elementarwesen?

Sind Einhörner Lichtwesen oder Elementarwesen?

Für mich sind sie ganz klar Lichtwesen, und da schließe ich mich der Wahrnehmung der meisten Autorinnen, die über Einhörner sprechen und schreiben, an. Ob Diana Cooper im Buch »Das Wunder des Einhorns«, Dorren Virtue im Kartendeck »Das Einhornorakel« oder Isabelle von Fallois im Buch »Engel und Einhörner: Ein himmlisches Team« oder Sonja Ariel von Staden im Buch »Das Einhorn« und viele weitere mehr. All diese Wahrnehmungen bestätigen auch meine Sichtweise und Empfindung.

Schlussendlich ist es unerheblich, ob Einhörner Licht- oder Elementarwesen sind, wichtig ist nur, dass sie uns unendlich lieben und uns unterstützen möchten.

Ich möchte euch den Unterschied zwischen Licht- und Elementarwesen erklären, und ihr spürt selbst, was davon eurer persönlichen Wahrnehmung und Wahrheit entspricht.

Es ist wichtig, sich stets selbst ein Bild zu machen, indem man die Energie – in diesem Fall die des Einhorns – erlebt und spürt.

Jeder hat seine eigene Wahrheit, es gibt nicht nur eine!

Deine Wahrheit ist die, die sich für dich gut und richtig anfühlt, wenn sie in dir schwingt. Deine Wahrheit hat auf andere Menschen keinerlei Auswirkung, da jeder Einzelne sein eigenes Erleben von lichten Energien hat. Es gibt kein Richtig oder Falsch!

Ich empfinde es als eine wichtige Bereitschaft des Herzens, dann, wenn man von Energien spricht, offen zu sein für alle Ansätze und Wahrheiten.

Alles ist wahr!

Lichtwesen:

Lichtwesen sind Wesen ohne physischen Körper, die Gott sehr nahe sind. Wir können von ihnen lernen und Hilfe erhalten, ihre Unterstützung ist direkt erfahrbar. Lichtwesen dienen uns als Begleiter, Beschützer, als Wegweiser und Boten, die auf unserem Weg von Gott gesandt werden.

Lichtwesen sind kosmische Helfer. Sie unterstützen uns ohne jegliche Wertung. Sie lieben uns bedingungslos, so wie wir sind. Es freut sie, wenn wir sie bewusst anrufen und um ihre Unterstützung bitten.

Es gibt verschiedene Formen von Lichtwesen: Engel, aufgestiegene Meister und viele weitere lichtvolle Helfer eilen zu unserer Unterstützung herbei, wenn wir sie rufen. Besonders die aufgestiegenen Meister kennen das Leben auf der Erde und können uns so durch ihr eigenes Erleben auf unserem Licht- und Lebensweg als Unterstützer und Vorbild dienen.

Elementarwesen:

Ein Elementarwesen besitzt immer eine Verbindung zu oder eine Eigenschaft von einem der Elemente, Feuer, Wasser, Luft oder Erde.

Elementarwesen sind Botschafter der Natur und Beschützer der Bäume, Blumen und Pflanzen.

Die Wahrheit ist immer die Liebe ...

Der
Regenbogen
als Zeichen der
Einhörner

*J*eder von uns kennt das Gefühl der Begeisterung, wenn wir einen Regenbogen sehen, denn ein Regenbogen berührt im Herzen.

Es ist eine wahre Freude, ihn anzusehen. Er bewirkt in uns ein tiefes Gefühl der Freude und die schenkt uns die Gewissheit eines guten Omens.

Woher kommt dieses Gefühl, das jeder empfindet, aber niemand beschreiben kann?

Warum hat ein Regenbogen für jeden von uns eine Bedeutung, ob Frau, Mann oder Kind?

Ich habe dieses Phänomen des kollektiven Wohlwollens für eine Begebenheit sonst noch nie in dieser Form erlebt.

Es gibt immer eine Gruppe, die das eine oder das andere als gut, wahr oder richtig empfindet, glaubt oder nicht glaubt – einen Regenbogen aber lieben alle.

Der Regenbogen spricht die Sprache der Liebe. Er ist die Verbindung zu Gott, die alle Menschen, egal, welcher Religion sie angehören, sich erinnern lässt: an das Gute, an die Macht der Liebe, die Gott ist, oder wie auch immer ihr sie, die Liebe, benennen möchtet.

Der Regenbogen sagt, wir sind alle eins, wir kommen aus demselben Ursprung, auch wenn dies im Alltag immer wieder in Vergessenheit gerät.

Der Mensch selbst trägt einen Regenbogen in sich, das Chakrensystem, das mit allen Farben des Regenbogens ausgestattet ist.

Es ist wie in der Liebessymbolik: Es gibt Ketten und Anhänger mit halben Herzen, und wenn man sie aneinander hält, sind sie eins.

Ebenso verhält es sich mit dem Menschen und dem Regenbogen. Wir sind die andere Hälfte des Regenbogens, und wenn wir das passende Gegenstück am Himmel sehen, sind wir wieder eins, verbunden zu einem Kreis, wie oben so unten eine Einheit!

Auch musikalisch ist der Regenbogen ein Evergreen. Er ist das musikalische Zeichen der Einhörner an uns, das sie tatsächlich häufig nutzen, da im Seelenland des Regenbogens Musik eine besonders große Rolle spielt.

Frei übersetzt nach
»Somewhere over the rainbow«

Irgendwo über dem Regenbogen, weit oben.
Da ist ein Land, das ich einmal in einem Wiegenlied hörte.
Irgendwo über dem Regenbogen sind die Himmel blau
und die Träume, die du wirklich träumst, werden wahr.

Manchmal wünsche ich mich auf einen Stern,
auf dem ich dann aufwache und die Wolken
weit hinter mir lasse.
Auf dem Probleme wie Zitronenbonbons schmecken,
hoch über den Schornsteinspitzen -
da wirst du mich finden.
Irgendwo über dem Regenbogen fliegen blaue Vögel.
Und die Träume, dass du es auch wagst,
oh warum – oh warum kann ich es nicht?

Wenn ich grüne Bäume sehe und auch rote Rosen
Ich sehe sie dann für mich und dich blühen.
Und ich denke zu mir selbst: Was für eine wunderschöne Welt.

Wenn ich blaue Himmel sehe und weiße Wolken
Und die Helligkeit des Tages,
mag ich die Dunkelheit der Nacht.
Und ich denke zu mir selbst: Was für eine wunderschöne Welt.

Die Farben des Regenbogens sind so schön am Himmel.
Sie sind auch auf den Gesichtern der vorbeigehenden Leute.
Ich sehe Freunde händeschüttelnd, Guten Tag sagend.
Sie sagen eigentlich: Ich...Ich liebe dich.

*Ein Regenbogen ist immer ein Zeichen der Einhörner
für ein wenig mehr Frieden auf Erden.*

Ich persönlich habe ein wundervolles Erlebnis, von dem ich euch erzählen möchte, durch das Zeichen des Regenbogens tief in meinem Herzen gespeichert.

Es war der Montag nach unserem zweiten großen Einhorn-Event, dem Einhorn Sommer Camp, das wir jedes Jahr im August veranstalten. Dieses Wochenende rauschte rasend schnell an mir vorbei, da ich so beschäftigt damit war, dass alles gut läuft, alle sich wohlfühlen und eine tolle Zeit haben.

Am Montagmorgen wachte ich mit einem Gedanken an die Einhörner auf, indem ich dachte, hoffentlich hat es euch auch gefallen. In dem Moment klingelte das Telefon, mein Mann rief an und sagte zu mir: »Schau mal aus dem Fenster!«

Ich sprang auf und sah einen wunderschönen Regenbogen, der sich direkt über unser Haus gespannt hatte.

Ich lief in den Garten und konnte es nicht fassen. Er war direkt über mir. Ich kann die Dankbarkeit, die ich in diesem Moment empfand, nicht in Worte kleiden.

Mir liefen vor Glück die Tränen über die Wangen für dieses wundervolle Zeichen, das uns ihren Dank auf so zauberhafte Weise übermittelte.

Diesen Moment werde ich nie vergessen und für immer in meinem Herzen tragen.

Ich wünsche dir viele farbenfrohe Momente der Liebe, wenn du das nächste Mal einen Regenbogen siehst. Vielleicht nimmst auch du ihn dann als Zeichen der Einhörner wahr.

Irischer Segen

Gott gebe dir

für jeden Sturm einen Regenbogen

für jede Träne ein Lachen,

für jede Sorge eine Aussicht

und eine Hilfe in jeder Schwierigkeit.

Für jedes Problem, das das Leben schickt,

einen Freund, es zu teilen,

für jeden Seufzer ein schönes Lied

und eine Antwort auf jedes Gebet.

Kreiere dir eine Regenbogenlichtkugel

*U*m die positive Wirkung der Farben des Regenbogens zu nutzen, die dich stärken und ausgleichen, kreieren wir gemeinsam eine Regenbogenlichtkugel.

Öffne deine Hände und halte sie wie eine Schale. Rufe die Einhörner der Regenbogenlichtschwingung an und bitte sie, eine mit Regenbogenlicht angefüllte Kugel in deinen Händen zu manifestieren.

Du kannst jetzt spüren, wie sich eine Energie in deine Hände legt und diese ein Stück nach unten sinken.

Nun halte deine Hände parallel zueinander, und spüre den Widerstand, das Energiefeld der Kugel, das du zwischen deinen Händen hältst.

Wenn du möchtest, kannst du die Regenbogenlichtkugel in deinen Händen mit einer Vision befüllen und sie dann eingebettet im Licht der Regenbogenfarben in deinem Herzen manifestieren. Oder aber du nimmst die Lichtkugel zur Stärkung und legst sie in dein Herz, um dort die Kraft des Regenbogens in dir zu kräftigen.

Du kannst spüren, wie sich die Farbschwingung verteilt, in jede deiner Zellen eindringt und dich stärkt und kräftigt.

Ebenso kannst du die Lichtkugel in eines deiner anderen Chakren legen, in dem du gerade Kraft und Stärkung durch die vereinte Farbschwingung benötigst.

Meditation

Es gibt manchmal Situationen, in denen wir das Gefühl haben, dass es irgendwie nicht vorangeht. Situationen, in denen man sich getrennt fühlt oder auch deutlich eine Blockade spürt. Dann ist es besonders wichtig, sich vor der energetischen Arbeit klar auszurichten. Die folgende Meditation zur Reinigung, Aktivierung und Ausrichtung des Chakrensystems kann dir dabei helfen.

Aktivierung und Ausrichtung des Chakrensystems mit den Regenbogen-Einhörnern

Atme tief ein, und spüre, wie dich ein zarter Windhauch umgibt, der ganz leicht und lieblich wie eine bunte Blumenwiese duftet.

Atme diesen Duft noch einmal tief ein.

Eine starke, schützende Energie hüllt dich ein und du kannst dich nun ganz tief fallen lassen. Spüre, wie du dich immer geborgener und beschützter fühlst.

Es sind die Regenbogeneinhörner, die dich umgeben. Sie richten ihre Lichthörner in die Höhe und wirbeln eine enorme farbenprächtige Welle auf, die dich erst erfasst und dann sanft wieder auf der Blumenwiese landen lässt. Du erblickst einen wunderschönen, endlos langen Regenbogen. Vor ihm stehen zwölf Einhörner, die dich liebevoll anschauen und herzlich begrüßen. Die Einhörner fragen dich mit vereinter Stimme, ob du jetzt bereit bist, dich von der Lichtschwingung des Regenbogens berühren zu lassen.

Wenn du bejahst, tritt nun das erste Einhorn an dich heran und berührt mit seinem Lichthorn und einem zarten, pastellroten Lichtschein dein Wurzelchakra. Das Licht verbindet sich mit diesem, deinem Chakra, auf das das Einhorn nun dauerhaft seinen Lichtstrahl hält.

Ein zweites Einhorn kommt ganz nah zu dir, streichelt mit seinem Blick deine Aura und sendet einen orangefarbenen Lichtstrahl aus seinem Lichthorn aus, der sich mit dir verbindet.

Das dritte Einhorn kommt näher und sendet ein zartes, gelbes Licht in deinen Solarplexus, der sich augenblicklich erwärmt und dich noch intensiver entspannen lässt.

Das vierte Einhorn tritt zu dir, zwinkert dir zu und sendet einen kräftigen, zartgrünen Lichtstrahl in dein Herzchakra, der dich eine Welle der Liebe spüren lässt.

Das fünfte Einhorn steht nun vor dir und berührt dich mit einem wunderschönen, blauen Lichtstrahl an deinem Kehlchakra, das augenblicklich zu kribbeln beginnt, da viele unausgesprochene Dinge in deinem Leben auf Befreiung warten.

Das sechste Einhorn steht nun vor dir und berührt mit einem violetten Lichtstrahl ganz sanft dein Drittes Auge. Du spürst, wie deine Innenschau sofort klarer wird.

Das siebte Einhorn tritt näher und berührt mit einem reinweißen, kraftvollen Lichtstrahl dein Kronenchakra, und du spürst, wie es sofort in der Mitte deines Kopfes zu kribbeln beginnt.

Das achte Einhorn steht nun hinter dir und berührt mit einem rosafarbenen Lichtstrahl dein Polaritätschakra, das sich in der Höhe deines Solarplexus befindet.

Das neunte Einhorn steht nun hinter dir und berührt dein Harmoniechakra mit einem starken magentafarbenen Lichtstrahl. Eine Welle der Harmonie überrollt dich und du spürst, wie alles in dir friedlich wird.

Das zehnte Einhorn steht nun hinter dir und berührt dich mit einem kräftigen, goldenen Lichtstrahl an deinem Wissenschakra. Diese Berührung lässt dich spüren, wie und wodurch du deine Welt verändern kannst.

Das elfte Einhorn berührt mit seinem Lichthorn, aus dem aquamarinfarbenes Licht fließt, dein Klarheitschakra, das sich auf der gegenüberliegenden Seite deines Kehlchakras befindet. Dein Geist wird augenblicklich erfrischt und dein Blick schärft sich.

Nun steht das letzte, das zwölfte Einhorn hinter dir und berührt dich mit einem wunderschönen, perlmuttfarbenen Lichtstrahl an deinem Veränderungschakra.

Die Einhörner stehen im Kreis um dich herum. Du bist von Kopf bis Fuß in die Farbenpracht der Lichtschwingung eingehüllt. Alle zwölf Einhörner fügen ihre Lichtstrahlen zu einer gebündelten Energie zusammen und richten den so entstandenen zwölffarbigen Lichtstrahl zuerst auf dein Erdchakra, das sich unter deinen Füßen befindet. Mit dieser Geste laden sie es auf und aktivieren es, falls dies vorher noch nicht geschehen ist. Dann richten sie den mächtigen Farbstrahl auf deinen Seelenstern, der sich über deinem Kronenchakra befindet und nähren ihn mit dieser Kraft. Auch dein Seelenstern wir dadurch aktiviert und unendlich gestärkt.

Nun senden die Einhörner den Lichtstrahl hoch zum göttlichen Tor, das sich jetzt für dich öffnet. Dein Körper beginnt in diesem Licht zu schweben und eine doppelte Lichthelix legt sich sanft um dich herum. Du hebst sanft vom Erdboden ab und erstrahlst in allen Farben des Regenbogens. Deine Chakren sind nun optimal ausgerichtet.

Du wirst sanft vom vereinten Regenbogenlicht zurück zu deinem Ausgangspunkt getragen. Du spürst deine Klarheit und deine Schaffenskraft. Beginne jetzt mit der Realisierung deiner Vorsätze in deinem Alltag.

Ich wünsche dir viel Freude bei all deinem Tun.

Garten Eden

*D*er Garten Eden ist der
Ursprung der Einhörner.

Ihre erste Reise traten die Einhörner aus dem Schoß von Mutter Maria in den Garten Eden an, da es Gottes Wunsch an sie war, mit ihrer Reinheit und Liebe den ersten menschlichen Wesen, Adam und Eva, als Freunde und weise Ratgeber zur Seite zu stehen.

Als Adam und Eva den Garten Eden verließen, folgten ihnen die Einhörner in ihrer unermesslichen Liebe. Sie reduzierten ihre Schwingungsfrequenz um ein Vielfaches und machten sich somit aus Liebe verletzbar.

Auch in der heutigen Zeit sind sie wieder deutlich spürbar an unserer Seite. Die Einhörner werden uns immer an den paradiesischen Ursprung erinnern, der die Quelle der Liebe ist, aus der wir alle geboren sind und von der wir getragen werden.

Kehre in deinen
Garten Eden zurück

Der Garten Eden in dir ist dein innerer Ort der Ruhe. Fühle einmal in dich hinein, wo sich dein Garten Eden befindet? Wie sieht dein Garten Eden aus? Welcher ist der schönste Ort, den du dir vorstellen kannst, wo fühlst du dich am wohlsten?

Ist dein Garten Eden ein wunderschöner Wald, eine paradiesische Landschaft, oder befindet sich dein innerer Ort der Ruhe an einem Strand am Meer?

Der Garten Eden ist ein sehr wichtiger Ort, denn hier kannst du sein, wie du bist, sagen, was du denkst, und zum Ausdruck bringen, was du fühlst. Du kannst dich und dein wahres Wesen durch diese Innenschau kennenlernen und dich, wann immer du möchtest, hierher zurückziehen.

Begib dich nun in deinen Garten Eden und erkunde ihn in Beglei-tung der Einhörner.

Rufe deine persönlichen Einhörner zu dir an deine Seite, und lade sie ein, mit dir in deinen inneren Garten Eden zu reisen.

Vor dir ebnet sich ein Weg, der dich in deinen Garten Eden führen wird. Während du jetzt diesen Weg entlang läufst, öffnest du deine inneren Sinne.

Atme tief ein, und nimm den Geruch wahr, der dich hier umgibt. Welche Geräusche kannst du vernehmen? Wie fühlt sich der Boden an, auf dem du wandelst? Kannst du eine Wiese fühlen oder läufst du auf Sand?

Öffne nun deine inneren Augen, und sieh dich hier in deinem Gar-ten Eden ganz genau um.

Du nimmst die Einhörner an deiner Seite ganz deutlich wahr. Sie füh-ren dich zu einem großen Baum. Es ist dein Lebensbaum – er wurde bei der Geburt deiner Seele gepflanzt.

Nimm dir einen Moment Zeit, um dir den Baum genau anzuschau-en. Berühre und umarme ihn. Fühle, wie sich dein Herz mit ihm verbindet und ihr eins werdet. Du beginnst, deine Wurzeln zu spüren und du fühlst eure Verbundenheit.

Ein Einhorn überreicht dir einen goldenen Apfel. Er ist dein Schatz aus dem Garten Eden, von deinem Ursprung, er ist deine Göttlich-keit. Du kannst ihn hier in deinem Lebensbaum aufbewahren, an dessen Seite sich eine Elfentür befindet. Du öffnest sie und legst den goldenen Apfel in deinen Lebensbaum hinein.

Augenblicklich spürst, erlebst und siehst du, wie dein Lebensbaum erstrahlt. Genieße dies noch einen kleinen Moment, und wenn du so weit bist, dann verabschiede dich auf deine Art von deinem inneren Garten Eden.

Du kannst jederzeit hierher zurückkehren, um dich auszuruhen, oder auch Gespräche auf höherer Ebene stattfinden zu lassen.

Aber nun ist die Zeit gekommen, ins Hier und Jetzt zurückzukehren. Verabschiede dich von deinen Einhörnern, denn mit jedem Atemzug kehrst du zurück zu dir, bis du ganz tief in deinem Herzen ankommst, das golden erstrahlt.

Du atmest tief ein und deine Aura füllt sich mit dem goldenen Licht der Herzensenergie. Spüre, wie es dich ganz und gar erfüllt.

Der Garten Eden erinnert uns daran, immer mal wieder auf unserem Weg anzuhalten und zum Anfang zurückzublicken.

Die Einhörner bitten uns von Zeit zu Zeit, Rückschau zu halten. Lies doch noch einmal das erste Buch, das dich besonders tief berührt oder motiviert hat. Erinnere dich an deine erste Vision und fühle diese unbändige Kraft in dir, dein Ziel erreichen zu wollen, ein Stückchen Himmel auf der Erde zu manifestieren.

Dann werde ruhig, kehre in deinem inneren Ort der Ruhe, in deinem Garten Eden, ein, und zentriere dich. Gehe mit klarem, ruhigem Blick weiter deinen Weg. Manchmal ist ein Rückschritt nötig, um zwei Schritte vorangehen zu können.

Deinen

persönlichen

Einhörnern

begegnen

Der Himmel verbindet sich mit der Erde,

es erscheint der Einhörner goldene Herde.

Der Schein und das Sein trennen sich vom Licht,

die Farbe des Himmels sie durchbricht,

die Farbe des Himmels, wie soll es anders sein,

ist der Regenbogen, er erscheint im bunten Sein.

Die Farben des Himmels hüllen dich liebevoll ein,

und schenken der Seele den goldenen Schein.

Dieser erfüllt nun dein Herz unermesslich,

deine Seele so rein und verletzlich,

schützen wir jetzt und zu jeder Zeit,

denn du bist auf dem Weg zurück in die Einheit.

An deiner Seite das himmlische Geleit,

Engel und Meister begleiten dich in die Ewigkeit.

Mit dir gehen an deiner Seite, bei jedem Schritt,

deine persönlichen Einhörner in Liebe mit.

Wir sind an deiner Seite.

Wir alle haben persönliche Einhörner, so wie wir Schutzengel haben, die immer an unserer Seite stehen und unseren Lebensplan genau kennen. Die Einhörner begleiten uns bei jedem unserer Schritte, ihre Führung ist stark spürbar. Lerne, wieder mit ihnen zu kommunizieren, ihre Botschaften und Zeichen wahrzunehmen und zu verstehen.

Öffne dein Herz, lade sie zu dir ein, und gib ihnen ihren Platz in deinem Herzen zurück. Auch wenn sie bereits ein Teil deines Lebens sind, so möchten sie dich doch noch einmal wissen lassen, dass sie immer an deiner Seite sein werden.

Um dich ihnen noch näher zu fühlen, kannst du eine Verbindungs-Affirmation wie die folgende kreieren:

Voller Liebe bin ich jetzt
auf allen Ebenen meines Seins mit
meinen Einhörnern verbunden.

Meditative Begegnungsübung
mit deinen persönlichen Einhörnern

Wenn du bisher noch keinen Kontakt zu deinen persönlichen Einhörnern hattest, kannst du diesen mit der folgenden meditativen Übung herstellen. Lerne jetzt deine Einhornfamilie kennen!

Stelle dir vor, wie die schönste Rose, die du dir denken kannst, jetzt direkt in der Mitte deines Herzens in deiner Lieblingsfarbe erblüht.

Sie öffnet sich immer mehr und verströmt ihren Duft. Atme ihn ein, diesen lieblichen Duft der Rose deines Herzens.

Auch dein Herz hat sich mit dem Erblühen der Rose weit geöffnet.

Sende nun aus der Mitte der geöffneten Rose, der Mitte deines Herzens, einen wunderschönen Regenbogen aus.

Lasse deinen Körper für einen Moment zurück, und beginne, auf dem Regenbogen zu wandeln.

Du fühlst dich frei und ganz leicht …

Am höchsten Punkt des Regenbogens siehst du drei Einhörner stehen, zwei große und ein kleines.

Du kommst ihnen immer näher, bis dich eine Welle der Liebe erfasst, die dich direkt zu ihnen trägt. Nun stehst du ihnen gegenüber, aus ihren Lichthörnern sprühen Funken der Freude über eure Begegnung, euer Wiedersehen.

Es sind ein weibliches und ein männliches Einhorn und ein Einhornfohlen. Begrüße sie, indem du sie ganz sanft berührst.

Wende dich nun dem weiblichen Einhorn zu. Schaue ihm in seine funkelnden Augen, und frage es nach seinem Namen. Mit seinem Lichthorn berührt es dein Herz, das augenblicklich ganz warm wird. Über eure telepathische Verbindung empfängst du jetzt seinen Namen.

Vertraue deiner Intuition. Für einen intensiven Moment verschmelzt ihr miteinander.

Du löst dich und wendest dich dem männlichen Einhorn zu. Auch ihm schaust du tief in die Augen und fragst es nach seinem Namen. Mit seinem Lichthorn berührt es dein Drittes Auge, die Mitte deiner Stirn, und ein kühler Hauch – eine kräftige, aber dennoch sehr liebevolle Energie – strömt in dich hinein. Über eure telepathische Verbindung erfährst du jetzt auch seinen Namen.

Für einen intensiven Moment verschmelzt ihr miteinander.

Du löst dich und wendest dich dem Fohlen zu, das aufgeregt um dich herumspringt. Du beugst dich zu ihm hinunter, woraufhin es näherkommt.

Auch dieses liebe Wesen fragst du nach seinem Namen.

Mit seinem kleinen Lichthorn berührt es jetzt deinen Solarplexus, und eine zart kribbelnde Energie strömt in dich hinein, und du erfährst den Namen des kleinen Einhorns.

Seine Energie verbindet sich jetzt mit deinem inneren Kind. Das weibliche und das männliche Einhorn legen über dir ihre Lichthörner aufeinander und lassen nun ganz sanft einen wundervollen Einhornsegen auf dich und dein Leben herunterrieseln.

Empfange den Segen deiner Einhörner.

Du richtest dich wieder auf und lädst deine Einhörner vollkommen in dein Leben ein. Du lädst sie ein, mit dir über den Regenbogen zu kommen.

Ihr wandelt gemeinsam zurück durch die Rose direkt in dein Herz.

Die Blüte schließt sich wieder und bewahrt so die Einhörner in deinem Herzen.

Du kommst wieder ganz in deinem Körper an, mit deinen Einhörnern an deiner Seite.

Tipp:

Nutze die Möglichkeit einer Sprachaufnahme, und sprich die Meditation auf dein Mobiltelefon. Dann kannst du sie dir anhören, wenn du ungestört und entspannt bist.

Engel und
Einhörner

*E*ngel und Einhörner sind Lichtwesen der 7. Dimension. Sie helfen uns gemeinsam bei unterschiedlichen Situationen und Themen. Zusammen sind sie ein unschlagbares Team!

Eine meiner ersten Fragen an die Einhörner und Engel war: »Wie wirkt ihr zusammen und was könnt ihr für uns tun?«

Sie haben mir wie folgt geantwortet:

»Geliebtes Wesen,

in der Glückseligkeit der Allgegenwärtigkeit der himmlischen Liebe sind wir gekommen, um gerne eure Fragen zu beantworten.«

Die Engel sagen:

» *W*ir Engel sind immer bei euch. Um miteinander zu kommunizieren, müsst ihr eure Schwingungsfrequenz ein wenig erhöhen – das passiert schon in dem Moment, in dem ihr das Wort »Engel« denkt. Wir wiederum reduzieren unsere Frequenz, um euch nahe sein zu können.

Wir Engel berühren euch meistens auf der Herz-, auf der Emotionalebene. Wir umfangen euer Herz mit unseren Lichtschwingen und umgeben euch mit Liebe, Trost, Schutz und vielem mehr.«

Die Einhörner sagen:

» **W**ir Einhörner kommen euch in eurer Dimension ganz nahe, stehen direkt neben euch, an eurer Seite und begleiten euch bei jedem eurer Schritte. Wir berühren euch in der Tiefe eures Seins, eurer Seele, und helfen euch dabei, das, was ihr so viele Inkarnationen getragen habt, das, was euren Weg beschwert, zu berühren, mit euch gemeinsam liebevoll anzuschauen und aufzulösen.

Unsere Führung ist sehr dynamisch und klar. Wir bringen alles zum Schwingen und tragen auch dich mit neuem Schwung voran.

Wir Einhörner sind wie Krankenschwestern und Pfleger: Wir bleiben so lange bei euch, bis das jeweilige Thema, die Situation aufgelöst ist.

Es sind die Emotional- und die Seelenebene, die die Engel und die Einhörner gemeinsam in Einklang bringen, um uns als Team zu helfen.

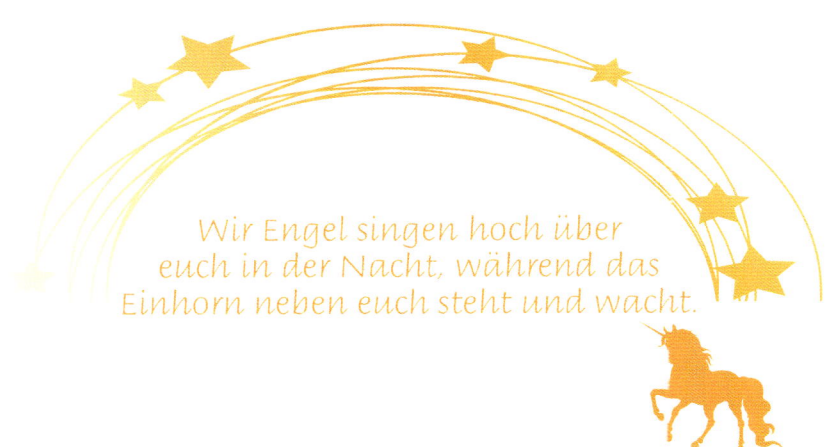

Wir Engel singen hoch über
euch in der Nacht, während das
Einhorn neben euch steht und wacht.

Wie kann ich spüren, ob ein Engel oder ein Einhorn an meiner Seite ist?

Uns umgeben viele lichtvolle Energien. Um unterscheiden zu können, welche Lichtwesen gerade an deiner Seite sind, vereinbare eine Erkennungsberührung mit ihnen, sie werden dies gerne für dich tun.

Kein Mensch sieht im Alltag ständig und überall Engel, Einhörner oder andere Lichtwesen. Es sind ganz besondere Momente, in denen wir sie sehen oder wahrnehmen können: durch ein Gefühl, einen Duft einen Lichtfunken oder Lichtblitz, vielleicht zeigt sich auch ihre Silhouette oder – was jedoch am seltensten ist – man erblickt sie mit bloßem Auge.

In meditativen Momenten geschieht diese Wahrnehmung auf einer höheren Ebene. Es ist dann leichter, die lichtvollen Wesen wahrzunehmen, als im »normalen« Alltag.

Wenn wir in Stresssituationen sind oder Angst verspüren, blockiert dieses Gefühl unsere Anbindung an die Geistige Welt. Keine Sorge, sie ist natürlich trotzdem da – gerade in solchen Momenten sind die Lichtwesen bei uns –, aber wir können sie nicht so deutlich wahrnehmen.

In solchen Momenten ist eine Erkennungsberührung besonders wichtig, denn dann weißt du auch dann, wenn du z. B. in einem Meeting im Büro sitzt oder wenn dich jemand verbal angreift usw., dass die Einhörner oder die Engel bei dir sind.

Verbinde dich in einem ruhigen Moment – am besten, wenn du abends im Bett liegst – mit ihnen. Rufe dazu deine persönlichen Einhörner an deine Seite und bitte sie, dich zu berühren. Anhand dieser

Berührung wirst du sie auch in anderen Situationen immer erkennen können.

Spüre einfach, wo es nun anfängt zu kribbeln oder wo du einen leichten Druck verspürst. Ob an deiner Wange oder an deiner Hand, spüre, an welcher Stelle deines Körpers sich die Berührung jetzt fühlen lässt.

Verbinde dieses Gefühl mit der Anwesenheit der Einhörner.

Auf dieselbe Weise kannst du das auch mit deinen Schutzengeln machen. Rufe deinen oder deine Schutzengel zu dir an deine Seite und bitte sie um eine Erkennungsberührung. Spüre, an welcher Stelle deines Körpers dich jetzt deine Engel berühren. Vielleicht kribbelt es in deinem Ohr oder auf deiner Wange oder vielleicht spürst du eine Berührung deiner Stirn. Das Gefühl, das du jetzt wahrnimmst, ist die Berührung deiner Engel. Verbinde dieses Gefühl mit ihrer Anwesenheit.

Natürlich kannst du auch mit allen anderen Lichtwesen oder den Meistern eine solche Erkennungsberührung vereinbaren. Gehe dabei immer auf dieselbe Weise vor.

Erzengel Uriel und die Friedensengel

*I*ch möchte euch von einem meiner berührendsten Erlebnisse mit den Engeln erzählen.

Ich lag eines Abends im Bett, las mein damals zweites Buch über Engel und entdeckte das Kapitel über Erzengel Uriel und die Friedensengel.

Es berührte mich sehr, was dort geschrieben stand, denn meine Eltern hatten sich gerade nach 25 Jahren Ehe von heute auf morgen getrennt. Meine ganze Familie war tief traurig und auch geschockt über diese Tatsache, da niemand so plötzlich damit gerechnet hatte – schon gar nicht meine Mutter, die traurig und alleine zurückblieb.

Nur noch Traurigkeit und Vorwürfe klangen mir in den Ohren. Ich konnte den offensichtlichen Schmerz meiner Mutter kaum noch ertragen. Aber auch meine Großeltern konnten die Situation nicht verstehen. Wochenlang sah ich auch sie nicht mehr lachen.

Ich bat an diesem Abend Erzengel Uriel und die Friedensengel um Unterstützung für meine Familie und schlief mit friedlichen Gedanken ein.

Am nächsten Morgen erwachte ich mit der Idee, erst einmal meiner Mutter zu helfen, die Bänder zwischen ihr und meinem Vater zu trennen, indem wir die Engel, die bei ihrer Trauung anwesend gewesen waren, von ihren Aufgaben lösten und alle Verträge, die ihre Seelen miteinander gemacht hatten, durch ein Dekret annullierten.

Meine Mutter hatte mich und meine Großeltern mütterlicher- sowie väterlicherseits eh an diesem sonnigen Sonntagnachmittag zu Kaffee und Kuchen eingeladen.

Ich kündigte meiner Mutter mein Früherkommen an und wusste schon, als ich mit meiner damaligen Beagel-Hündin Angel in das Auto einstieg, dass heute etwas Wundervolles passieren würde. Es lag einfach so eine besondere Energie in der Luft.

Bei meiner Mutter angekommen sprang Angel aus dem Auto, lief freudig in den Garten und blieb plötzlich wie angewurzelt stehen, den Blick hoch in die Luft gerichtet.

Plötzlich rannte sie ins Haus meiner Mutter, sprang auf die Sofalehne und schaute durch das Panoramafenster im Wohnzimmer wie versteinert in die gleiche Ecke.

Wir wunderten uns über Angels Verhalten. Ich wollte ihr ein Leckerchen geben, um zu sehen, ob alles in Ordnung war, denn Angel war der verfressenste Hund auf der ganzen Welt. Sie hätte niemals auch nur ein Häppchen verschmäht. Doch in diesem Moment tat sie es. Das gab es wirklich noch nie zuvor!

Ich sagte zu meiner Mutter: »Sie sieht die Friedensengel, die ich um Hilfe gebeten habe«, und erzählte ihr von ihnen.

Die Friedensengel gehören zu den größten Engeln. Sie haben cremefarbene Flügel und sind tatsächlich so groß wie ein Haus. Ihre Gestalt hat unsere Angel sehr beeindruckt.

Ich begann dann gemeinsam mit meiner Mutter, die Bänder mit der Hilfe von Erzengel Michael zu trennen. Dann entbanden wir die Engel, die bei ihrer Trauung dabei gewesen waren und ihre Seelenverträge kannten, von ihren Aufgaben. Um das Dekret zu erlassen, gingen wir in den Garten.

Die Sonne schien herrlich an diesem Tag. Wir gingen gemeinsam in die Mitte des Gartens und stellten uns mit dem Text in der Hand nebeneinander. In diesem Moment flog eine weiße Taube direkt über den Garten – wir verstanden beide dieses himmlische Zeichen von Erzengel Uriel und den Friedensengeln. Wir hatten nie zuvor eine Taube über unserem Garten gesehen.

Wir begannen, gemeinsam die Vorrede zu dem Dekret zu sprechen. In jenem Moment flog ein goldener Käfer auf unser Blatt – ich hatte auch noch nie zuvor einen goldenen Käfer gesehen und bis heute auch nicht wieder.

Wir sprachen das Dekret, während der Käfer auf dem Blatt sitzen blieb, und ein kalter Schauer nach dem anderen durchfuhr uns. Wir spürten deutlich, dass etwas geschah. Als wir das Dekret zum dritten Mal wiederholt hatten, flog der goldene Käfer wieder fort.

Wir fühlten uns leicht und frei, besonders meine Mutter.

Kurze Zeit später kamen meine Großeltern mit zunächst noch verhangenen Mienen in das Haus herein. Sie gingen über die Schwelle in den Garten und fingen sogleich an, tief durchzuatmen und zu lachen. Alle vier taten dies unabhängig voneinander. Man kann nicht wirklich sagen, dass sie je zuvor bewusst Engel wahrgenommen hätten oder dies ein Thema in meiner Familie war. Und doch: Alle spürten sie, und eine gelassene Heiterkeit breitete sich aus.

Meine Oma wiederholte immer wieder: »Was ist das nur? Was passiert mit mir? Ich fühle mich so frei, so gut, wie schon lange nicht mehr.«

Ich erlebte einen der schönsten Nachmittage in meinem Leben mit meiner Familie. Wir erlebten es alle gemeinsam, das macht es so besonders.

In der darauffolgenden Zeit entspannte sich die Situation zum Wohle aller.

Das war meine erste Begegnung mit den Friedensengeln, und heute, 15 Jahre nach diesem Ereignis, fragt mich meine Oma noch immer jedes Mal, wenn wir uns sehen: »Melanie, kannst du bitte noch einmal machen, was du damals gemacht hast? Ich habe mich nie wieder in meinem Leben so gut gefühlt.«

Das, was sie und was wir alle gemeinsam gespürt haben, war der Zauber des himmlischen Friedens.

Ich werde ihn nie vergessen. Und auch euch lade ich jetzt an einen Ort des Friedens im Ätherreich über dem Himalaya Gebirge ein, in den Tempel des himmlischen Friedens.

Meditation: Der Tempel des himmlischen Friedens

Die Einhörner des Friedens, die an diesem Ort der Liebe und des Friedens wirken, betreten jetzt den Raum, in dem du dich aufhältst und verbinden sich mit dir.

Werde ganz ruhig und begib dich für die kommende Zeit in das Reich, in die Ebene des Friedens mit Erzengel Uriel, den Friedensengeln und den Einhörnern des himmlischen Friedens.

Lasse alles um dich herum los, und öffne deinen geistigen Kanal jetzt bewusst in Liebe für den Frieden.

Atme Frieden ein und Disharmonie aus.

Atme Frieden ein und Wut aus.

Atme Frieden ein und jeglichen Zorn aus.

Atme Frieden ein und alle Konflikte aus.

Atme himmlischen Frieden ein, und lasse dich nun von den Friedensengeln berühren, die direkt hinter dir stehen.

Nimm ihre Anwesenheit ganz deutlich wahr und lade sie ein, dein Herz mit Frieden und Herzensgüte zu umhüllen. Sie tun dies jetzt mit ihren gigantisch großen Lichtschwingen.

Begib dich mit ihnen in eine heilige Trance, die dich so viel Frieden wie noch nie zuvor empfinden lässt.

Der Friedensengel hinter dir wird dich nun so lange einhüllen und bei dir stehen, bis du den Friedensfunken in deinen Herzdiamanten integrieren konntest.

Spüre, wie der Engel ganz sanft dein Drittes Auge berührt und ein helles strahlendes Licht vor deinen Augen erscheint. Es wird immer heller, und du fühlst dich beinahe geblendet, so, als würdest du direkt in das Sonnenlicht schauen. Deine Augen gewöhnen sich langsam an das helle Licht, und du beginnst Umrisse wahrzunehmen. Einhörner, viele Einhörner werden immer deutlicher sichtbar.

Es ist die Einhornherde des himmlischen Friedens. Sie sind alle so wunderschön und strahlend hell. Ihre Mähnen glänzen golden, und du wirst liebevoll von dem Einhorn Friedensklang begrüßt, das dir nun ganz nahe kommt.

Du darfst beobachten, wie behutsam, friedlich und achtsam all die Einhörner miteinander umgehen und ein tiefes Wohlgefühl breitet sich in dir aus.

Ein Einhorn aus der Herde kommt nun direkt auf dich zu. Es steht vor dir und blickt dir tief in die Augen. So viel Liebe durch einen einzigen Blick berührt dich. Du spürst, wie sich dein Herz ganz weit macht und sich völlig öffnet. Es ist jetzt vollständig geöffnet und du kannst alles empfangen, was dein Friedenseinhorn dir schenken möchte.

Das Einhorn berührt jetzt dein Herz und sendet dir ein Bild, ein Symbol des Friedens.

Empfange es jetzt.

Nimm das Bild, das Symbol, bitte so an, wie es dir erscheint.

Dein Friedenseinhorn berührt dich jetzt mit einer individuellen Lichtschwingung, einer Licht-Friedens-Kombination, die für dich ganz persönlich ist. Es berührt jetzt mit seinem Lichthorn dein Herz.

Lasse dich von deinem persönlichen Friedenssegen berieseln, und spüre! Sei offen für alles, was jetzt geschehen könnte.

Jeder Funke, der dich berührt, verflüssigt sich in deinem System und rinnt wie heilender Balsam dort hinein, wo dein Seelenschmerz verhaftet ist, und schließt die offenen Wunden.

Du genießt diesen Moment, in dem alles in dir so friedlich ist.

Dein Friedenseinhorn bittet dich, auf seinem Rücken Platz zu nehmen, um gemeinsam in den Tempel des himmlischen Friedens zu reisen.

Du steigst ganz achtsam auf, legst deinen Kopf an seine weiche, duftende Mähne und hältst dich an ihm fest, indem du es umarmst.

Eure Reise beginnt, ihr schwebt, immer weiter, immer höher, hinein in die Feinstofflichkeit, durch das Universum im zeitlosen Raum. Du bist ganz entspannt und gibst dich ganz dem Gefühl der Freiheit hin, alles ist leicht und frei.

Ihr landet ganz sanft auf einem Plateau direkt vor einem großen Holzflügeltor. Erzengel Uriel und das Einhorn Friedensklang stehen bereits zu deiner Begrüßung bereit. Uriel reicht dir beim Abstieg seine Hand und begrüßt dich herzlich mit einer Umarmung. Friedensklang sprüht goldene Funken aus seinem Lichthorn, die dich ebenfalls willkommen heißen.

Erzengel Uriel öffnet mit einem kräftigen Stoss die Flügeltür. Ein warmer Wind strömt dir entgegen, und du erblickst eine wunderschöne fast tibetisch anmutende Tempelanlage.

Alles ist mit bunten, im warmen Wind flatternden Gebetsfahnen geschmückt, ein wahrhaft anmutiger und schöner Anblick.

Erzengel Uriel erklärt dir: »Das ist der Tempel des himmlischen Friedens. An diesem Ort wird jeden Tag für den
Frieden auf Erden gebetet und gewirkt. Wir beten von hier aus
für jeden einzelnen Menschen, für jedes Tier, für jedes Wesen und
für Mutter Erde. Sei herzlich willkommen.«

Wundervolle Gesänge erwecken deine Aufmerksamkeit.

Ihr schreitet gemeinsam durch den Tempel bis hin zu einem großen
Altar.

Unendlich viele Wesen haben sich dort versammelt und singen
gemeinsam wohlklingend und kraftvoll das Friedensmantra: »Loka
Samasta sukhino bahvantu.«

Du spürst, wie dich eine starke Energiewelle erfasst, die dich in die
Gemeinschaft einbindet, und beginnst mitzusingen: »Loka Samasta
sukhino bahvantu. Mögen alle Wesen in allen Welten glücklich und
in Frieden sein.«

Erzengel Uriel spricht leise in dein Ohr, dass hier gerade eine Frie-
denswelle für die Erde eingeschwungen wird. Wenn sie die höchst
mögliche Schwingungsfrequenz erreicht hat, wird sie aktiviert und –
über das Licht des Regenbogens begleitet – von den Einhörnern
und Engeln des Friedens auf die Erde gebracht, dorthin, wo die
Energie gerade am dringendsten benötigt wird.

Du lässt dich ganz auf diese Energie ein und singst weiter mit. Du
hörst dich immer lauter singen, bis du das Gefühl hast, gar nicht
mehr selbst zu singen, da deine Stimme zu einer mächtigen Kraft
und Energiepräsenz geworden ist. Du bist jetzt eins mit deinem Ur-
ton, du bist eins mit dem Frieden.

Die Energie hat ihren höchsten Punkt erreicht, und ihr über-
gebt sie gemeinsam an die Friedensbringer.

Unendlich viel Liebe erfüllt dein Sein. Und plötzlich absolute Ruhe: Man könnte eine Stecknadel fallen hören.

Erzengel Uriel nimmt deine Hand und geht wortlos mit dir in den Innenhof der Tempelanlage.

Dort wartet bereits ein liebevoll aussehender Mönch auf euch. An seiner Seite stehen dein Friedenseinhorn und das Einhorn Friedensklang. Der Mönch begrüßt dich mit einer Verbeugung und lädt dich ein, mit ihnen in den Kräutergarten des Tempels zu kommen. Ihr geht alle gemeinsam durch den Innenhof, und weiter durch einen Rosenbogen in einen wunderschön angelegten Kräutergarten. Von allen Seiten duftet es herrlich nach den blühenden Kräutern.

Der Duft der Kräuter ist unglaublich wohltuend und heilend zugleich. Der Mönch streift mit seiner Hand stolz über die Kräuterbüsche und lächelt dich dabei an. Es ist sein Werk, was du hier sehen und riechen kannst.

Am Ende des Gartens führen zwei Stufen zu einem Hochbeet hinauf, das herzförmig angelegt ist.

Ihr geht gemeinsam hinauf und steht nun vor dem noch unbepflanzten Herzbeet. Neben dem Beet stehen drei Pflanzen, eine kleine Schaufel und eine Gießkanne. Der Mönch sagt: »Dies ist dein Erdherz, das Herz der Erde, und hier stehen drei Pflanzen des Friedens. Ich bitte dich, diese nun mit deinen Friedenswünschen in das Herz der Erde einzupflanzen.

Du kniest dich hin, nimmst die kleine Schaufel, hebst eine Kuhle aus und pflanzt die erste Pflanze des Friedens mit deinem ersten Friedenswunsch für die Erde ein. Du brauchst den Wunsch nur zu denken, das genügt.

Nun nimmst du erneut die Schaufel und hebst eine weitere Kuhle aus, nimmst die zweite Friedenspflanze und setzt sie mit deinem zweiten Friedenswunsch in das Herz der Erde.

Dann nimmst du die Schaufel ein letztes Mal zur Hand und hebst eine Kuhle für deine dritte Pflanze aus. Setze sie mit deinem dritten Wunsch an die Erde in das Herz der Erde ein.

Drücke alle drei Pflanzen noch einmal gut an, stehe auf und nimm die Gießkanne in die Hand. Dein Friedenseinhorn berührt mit seinem Lichthorn nun das Wasser in der Kanne, um es zu segnen.

Gieße jetzt mit dem gesegneten Wasser deine Pflanzen, auf dass sie wachsen und gedeihen mögen.

Erzengel Uriel berührt noch die Erde, und das Einhorn Friedensklang eine Pflanze nach der anderen mit seinem Lichthorn.

Der Mönch sagt: »Es ist vollbracht. Ich werde mich gut um dein Herz des Friedens kümmern, und jeden Tag die Pflanzen in ihm gießen. Ich lade dich dazu ein, sooft du möchtest, hierherzukommen, um zu schauen, wie deine Pflanzen wachsen und gedeihen. Gerne kannst du beim nächsten Mal weitere Pflanzen mit Friedenswünschen in das Herz der Erde pflanzen.«

Der Mönch geht voran und geleitet alle Anwesenden über die Stufen durch den duftenden Kräutergarten in den Innenhof des Tempels. Dort wartet die gesamte Einhornherde des himmlischen Friedens auf dich. Erzengel Uriel spricht zu dir: »Sie möchten dir noch ein Geschenk überreichen. Nimm dort auf der Bank für einen Moment Platz.«

Dein Friedenseinhorn spricht zu dir: »Bitte stelle dich auf deine Fersen. Wir möchten dir ein ganz besonderes Geschenk überreichen. Wir werden nun deine Fußchakren mit der Energie des himmlischen Friedens berühren und dir somit Schuhe

des Friedens anziehen, mit denen du ab sofort auf
Erden wandeln und überall, wo du gehst und stehst, den
himmlischen Frieden hinterlassen wirst.

Die Übertragung beginnt, und die Einhörner ziehen dir mit ihrem
Licht die Schuhe des Friedens an. Spüre, wie deine Fußchakren zu
pulsieren und zu kribbeln beginnen und wie sich das Licht um deine
Füße herum ausbreitet.

Was für ein wundervolles Geschenk! Bedanke dich bei den Einhörnern des himmlischen Friedens, bei dem lieben Mönch, bei Erzengel Uriel und dem Einhorn Friedensklang.

Gemeinsam geleiten dich nun alle zurück zu dem großen Holztor.
Erzengel Uriel umarmt dich zum Abschied, und das Einhorn Frie-
densklang berührt dein Herz. Uriel spricht: »Es werde Frieden auf
Erden und in deinem Herzen.«

Ein liebevoller Blick des Friedenseinhorns lädt dich ein, wieder aufzusteigen. Dies tust du ganz achtsam. Du umarmst es und ihr schwebt
los, zurück durch die Feinstofflichkeit, zurück durch den zeitlosen
Raum, zurück ins Hier und Jetzt. Spüre den tiefen Frieden in deinem
Herzen, und komme langsam wieder bei dir an.

Wenn du dich nach dieser Reise erden möchtest, stelle dir vor, wie
Wurzeln aus deinen Fußchakren heraus in das Erdinnere wachsen
und dich mit Mutter Erde verbinden.

Tipp:

Um diese Reise richtig genießen zu können,
sprich sie doch auf ein Abspielgerät, auch
die meisten modernen Handys haben
eine solche Aufnahmefunktion.

Einhornerlebnis von Eva-Maria Mora
Heilung des Herzens mit Engeln und Einhörnern

»Ich heiße Atlanta«, sagte das wunderschöne, weiße Einhorn, das sich mir zeigte. »Meine Aufgabe ist es, Menschen zu helfen, die sich allein gelassen, unverstanden und ungeliebt fühlen. Manche von ihnen haben so viel Angst, dass sie keinem anderen Menschen mehr vertrauen können. Ich bin behutsam und geduldig mit ihnen und habe gelernt zu warten, bis sie bereit sind, Heilung anzunehmen.

Nur wenige Menschen wissen, dass wir Einhörner durch Signale gerufen werden, die eure Herzen aussenden. Es ist ein bestimmter Ton, eine Frequenz, die für uns bedeutet: ›Hilf mir bitte!‹ Wir kommen immer und sofort. Das Einhorn Atlanta erzählte mir eine Geschichte, die ich in diesem Buch und in seinem Auftrag mit euch teilen darf:

»Meine Einhornfamilie und ich durften einem kleinen Mädchen helfen, das seine Eltern bei einem Autounfall verloren hatte. Sie selbst war auch im Wagen, als er den Abhang hinunter raste und sich mehrfach überschlug. Ihr Schutzengel hob sie aus dem Auto heraus, bevor es in Flammen aufging. Mehrere Wochen im Krankenhaus hatte das kleine Mädchen gut überstanden. Nur der Verlust ihrer Eltern war ein zu großer Schmerz, und kein irdischer Arzt konnte ihr helfen, ihr Herz zu heilen.«

Das Einhorn erzählte weiter: »Die kleine Lisa wuchs seit dem Tod ihrer Eltern bei der Schwester ihrer verstorbenen Mutter auf. Diese hatte einen Sohn, der drei Jahre älter war als sie. Die beiden verstanden sich gut, doch oft saß Lisa apathisch zu Hause und auch im Kindergarten nahm sie nicht an den Spielen der anderen Kinder teil. Lisa konnte keine Freude mehr empfinden und auch nicht mehr lachen. Ihre Traurigkeit war herzzerreißend anzusehen, und jegliche Aufmunterungsversuche der Erwachsenen, der Freunde oder des

Kinderpsychologen waren vergeblich. Lisa hatte sich von der Welt abgekapselt. Sie lebte in ihrer eigenen Welt, von der sie wusste, dass es Mama und Papa dort noch gab. An einem Abend, an dem sie sich wieder allein und unverstanden fühlte, weinte sie jedoch so bitterlich, dass wir ihr Herzsignal »Hilf mir bitte!« empfangen haben.

Wir kamen sofort zu ihr. Ich reise oft gemeinsam mit meiner Einhornfamilie und auch an diesem Abend kam Sina mit – sie ist ein kleines Einhornfohlen. Sina kuschelte sich an Lisa und sorgte mit ihrer liebevollen Energie dafür, dass sich Lisa beruhigte und einschlafen konnte. Im Traum war Lisa bereit, mit mir und Sina an einen Ort der Heilung zu kommen. Lisa hielt sich an meiner Mähne fest und wir reisten gemeinsam in den Wald, in dem wir zu Hause sind.«

Das Einhorn Atlanta beschrieb nun genau, wie die Heilung geschah: »Lisa legte sich im Einhornwald auf ein Bett aus Moos, das wir in einer kleinen geschützten Lichtung für sie bereitet hatten. Wir deckten sie mit einer Energiedecke aus Rosenblüten zu, die lieblich duftete. Sina, das Einhornmädchen, lag neben ihr im Moos und kuschelte sich weiter an ihre Seite. Lisa fühlte sich wohl mit dieser sanften, reinen Energie, die ganz langsam ihren Körper erwärmte. Lisas Emotionen waren seit dem Autounfall wie in einem gläsernen Eiscontainer eingefroren«, erklärte Atlanta, »und in ihrer Herzmitte steckte ein Energiepfeil, der aussah, als wäre er aus Metall. Er hatte sich durch ihr Herz gebohrt. Lisa atmete ruhig, sie fühlte sich in ihrem Bett aus Moos sicher und geborgen.«

Atlanta erzählte weiter: »Ich sah ihr verwundetes Herz und wusste, dass wir nur gemeinsam, als Team, mit Erzengel Michael und Raphael Lisas Heilbehandlung durchführen konnten. Als ich Erzengel Michael rief, kam er sofort. Manchmal kann er ganz groß und mächtig erscheinen«, erklärte das Einhorn, »dieses Mal aber nahm er eine andere Form an, damit er Lisa nicht erschreckte. Er erschien als helle Lichtkugel, blau und golden. Erzengel Raphael kam dazu und wirkte gemeinsam mit Michael. Er war als grün-goldfarbenes

Lichtwesen erschienen, so wie Lisa ihn schon oft im Krankenhaus gesehen hatte. Raphael wirkte zunächst auf das Energiefeld von Lisas Herzen, das wie ein gläserner Kasten aus Eis aussah. Die grün-goldene Energie von Raphael löste diesen Eiskasten auf.«

Das Einhorn erzählte mit besonderer Spannung, was dann geschah: »Ich sah, wie das emotionale Eis schmolz, Tropfen für Tropfen. Es waren die vielen ungeweinten Tränen, die Lisa noch in ihrem Herzen trug. Alles geschah sanft und behutsam, allein die Energie der Liebe brachte das ›Eis‹ zum Schmelzen. Erst dann war der Hauptschmerz lösbar, der Trennungsschmerz durch den Tod der Eltern, der in Lisas Herz steckte und aussah wie ein Metallsplitter vom Unfallwagen. Lisa atmete ganz tief ein und aus, als Erzengel Michael den Splitter entfernte. Sofort wurde ganz viel rosafarbene Energie aufgefüllt und Lisas Herz sah seitdem wieder heil aus. Ganz viel Liebe floss in ihr Herz, die Liebe von Sina, die Liebe der Erzengel und meine Liebe.«

Das Einhorn schien zu lächeln und erklärte ganz bescheiden: »Mit meinem Einhorn habe ich die Möglichkeit, auf körperliche und see-lische Wunden heilsam einzuwirken. Ich dankte den Engeln für ihre Hilfe und sendete meine Einhornenergie auf Lisas Herz. Die Wunde konnte so geschlossen werden, es gab auch keine Narben mehr. Meine Einhornenergie umhüllte und schützte Lisas Herz, das nun heil war und wieder Liebe empfinden konnte.«

Atlanta fuhr mit ihrer Geschichte fort: »Lisa ruhte sich noch ein wenig aus und kuschelte mit Sina. Auch sie hatte beide Einhorneltern verlo-ren. Sie hatte jedoch gelernt, dass sie trotz all dessen, was geschehen war, immer geliebt wird. Ja viel mehr noch, sie verstand, dass sie selbst Liebe ist. Sina weiß, daß sie nie von der Liebe ihrer Eltern getrennt wurde, auch wenn sie nun nicht mehr jeden Tag bei ihr sein konnten. ›Ich bin Liebe, ich bin Liebe, ich bin Liebe‹, singt Sina jeden Tag, wenn wir gemeinsam im Einhornwald spazieren gehen. Sie fing auch während der Heilung an, ihr Lieblingslied zu singen und träller-te die schöne Melodie in Lisas Ohr. Es wurde bald Zeit, Lisa zurückzubringen. Sie reckte und streckte sich und konnte wieder ganz tief durchatmen; sie liebte den Duft des Waldes. ›Ich komme bestimmt bald wieder hierher und spiele mit Sina‹, sagte Lisa und lächelte mich an. ›Danke Atlanta, dass du mit Sina gekommen bist, und danke, liebe Engel, ihr seid ganz toll‹, sagte sie noch und ritt dann langsam und behutsam auf meinem Rücken zurück.«

»Ich blieb die ganze Nacht an ihrem Kinderzimmerbettchen«, erzählte Atlanta weiter. »Als Lisa am nächsten Morgen erwachte, fühlte sie sich anders, sie konnte zum ersten Mal seit dem Unfall wieder etwas Schönes fühlen: Sie fühlte sich frei, und sie fühlte ganz viel Liebe. Sie ging ins Badezimmer, um Zähne zu putzen, und während sie vor dem Spiegel stand, erinnerte sie sich an Sina und den Einhornwald. In ihrem Kopf summte sie die Melodie vor sich hin und nach dem Zähneputzen begann sie, sie laut zu singen: ›Ich bin Liebe, ich bin Liebe, ich bin Liebe.‹ Ihre Tante hörte dieses Lied und wusste erst gar nicht, aus welchem Radio es wohl kommen könnte. Als sie dann sah, wie die singende Lisa mit einem Lächeln auf dem Gesicht aus dem Badezimmer kam, wusste sie, daß ein großes Wunder geschehen war. Lisa schien wie verwandelt, sie konnte wieder Liebe fühlen und Freude ausdrücken. Sie nahm ihre Tante in den Arm und sagte: ›Ich habe Sina getroffen und sie hat mir ein Lied vorgesungen, möchtest du es hören?‹ Ihre Tante hatte Tränen in den Augen, als sie Lisa singen hörte, und auch Olliver, ihr Sohn, kam etwas verschlafen aus seinem Zimmer und fragte zweifelnd: ›Lisa kann singen?‹ ›Ja‹, sagte die Tante lachend. ›Und wir alle können ihr neues Lied lernen: Ich bin Liebe. Ich bin Liebe. Ich bin Liebe!‹.«

Ich danke dem Einhorn Atlanta von Herzen für diese wundervolle Geschichte und für das heilsame Lied.

Eva-Maria Mora

Einhornmedizin –

Hilfe zur Selbsthilfe
aus der *Geistigen Welt*

*J*eder von uns kennt diesen körperlichen Schmerz, den man selbst schnell beheben möchten, ob einen Verspannungs-kopfschmerz, Bauchschmerzen, Rückenschmerzen usw.

Kleinere Verletzungen im Alltag passieren schnell. Man stößt sich am Tisch und bekommt einen blauen Fleck, schneidet sich beim Kochen in den Finger oder fällt hin und schlägt sich das Knie auf.

In diesen Momenten wird, ohne zu überlegen, der Heiler in uns aktiv, der uns bei Kopfschmerzen an entspannenden Ölen riechen lässt, uns daran erinnert, einen Meridian zu halten oder auch eine Tablette einnehmen lässt mit der Erwartung, dass dieser Schmerz sofort vergehe.

Bei Bauchschmerzen machen wir uns eine Wärmflasche oder trinken eine Heiße 7 der Schüßler-Salze. Auf den blauen Fleck kommt ein bisschen Creme, der blutende Finger wird automatisch in den Mund genommen und auf das aufgeschlagene Knie kommen Wund- und Heilsalbe und ein Pflaster. Viele von uns gehen zu einem Heilpraktiker oder einem Arzt.

Alles ist gut, und alles ist wichtig. Bei der Schulmedizin geht es nicht immer um die Behandlung der Ursache, sondern um die Behandlung der Symptome, die gerade vorhanden sind.

Im naturmedizinischen Ansatz sieht das schon anders aus. Doch wenn wir wirklich krank sind oder einen Unfall hatten, sind wir meist auf die Hilfe von anderen angewiesen.

Zwischen Himmel und Erde gibt es viele Möglichkeiten, Heilung zu erfahren. Es gibt viele verschiedene Wege, sich selbst zu helfen.

Doch es gilt zu verstehen, dass, egal, was passiert, egal, woran wir erkranken, alles einen seelischen Ursprung hat.

Es gibt einen ganz wundervollen Arzt, den ich euch unbedingt empfehlen möchte: Er hat eine große Klinik und viele wundervolle Ärzte,
Pfleger, Krankenschwestern und sogar eine eigene Apotheke, in der
er seine Medizin selbst herstellt. Und das Beste ist, er hat für jeden
ein offenes Ohr, er nimmt sich Zeit, trotzdem gibt es weder Wartezei-
ten auf einen Termin noch Anstehen im Wartezimmer – da bist du
immer die/der Erste. Seine Rezepte und Rezepturen sind unglaublich
und bewirken oftmals Wunder!

Er ist ein guter Freund von mir und sein Name ist Gott.

Ein cooler Typ und so einfühlsam. Es ist unglaublich, er findet immer
die richtigen Worte, und seine Anwesenheit beruhigt mich sofort. Es
ist so toll, einen Freund zu haben, der mich so gut kennt und so gut
versteht und dazu auch noch Arzt ist, für Seele, Gefühle und Verstand.

Ich möchte euch seine Krankenschwestern und Pfleger vorstellen,
die immer gut drauf sind und es lieben, uns zum Lachen zu bringen, die glücklich sind, wenn wir uns freuen und das Leben in vollen
Zügen genießen.

Darf ich vorstellen? Über dir, die Engel, und neben dir, die Einhörner.

Das tollste an ihrer Fürsorge ist, dass sie so lange bei dir bleiben, bis
das letzte Thema, der letzte Schmerz in dir vollkommen gelöst ist.

Ein tolles Team hat Gott da, das am liebsten im Netzwerk arbeitet
und sich mit uns verbinden möchte, um gemeinsam zu wirken, wie
im Himmel so auf Erden.

Es gibt Hilfe in jedem Moment, es gibt einen 24-Stunden-Dienst, er
ist wirklich immer erreichbar und unermüdlich im Einsatz.

Wenn mir etwas wehtut, rufe ich ihn an und erzähle ihm von meinem Schmerz. Er schreibt mir dann ein Rezept, das ich in der Apo-

theke Gottes einlösen kann. Dort bekomme ich dann meine Ein-
horn- oder Engelmedizin.

Die Einhörner und Engel wissen dann sofort Bescheid, was sie für
mich tun dürfen, denn es war Gottes Auftrag.

Dennoch ist es nicht wie bei einer Kopfschmerztablette, von der ich
erwarte, dass sie augenblicklich wirkt. Es handelt sich hierbei nicht
um eine Zaubermedizin, und ich erwarte nicht, dass sofort etwas
passiert, aber ich bleibe hoffnungsvoll in freudiger Erwartung, wie
und wo die Medizin zu wirken beginnt.

Denn die Medizin ist wie ein Samen: Er wird gepflanzt und braucht
seine Zeit, bis er zu einem Pflänzchen wird und ganz erblüht.

Manchmal geht das ganz schnell, weil die Bedingungen gut sind,
weil die Sonne scheint und der Samen ausreichend Wasser bekommt, um schnell zu wachsen und zu gedeihen.

Bitte habt Geduld mit der Medizin der Geistigen Welt!

Oftmals erlebe ich, welch große Erwartungen die Menschen an
eine Behandlung der Geistigen Welt stellen. Sehr schnell folgt die
Ernüchterung, die Enttäuschung, dass der Schmerz ja immer noch
da sei und das doch nicht helfe mit der Geistigen Welt.

Doch es hilft. Es sind lediglich unsere Erwartungen, die nach sämtli-
chen Zauberfilmen unrealistisch geworden sind. Ich liebe Bibi Blocks-
berg und Harry Potter, aber die haben wirklich nichts mit energeti-
scher Arbeit, mit der Geistigen Welt zu tun.

Dennoch wäre es toll, wenn wir uns morgens leckere Honigbrötchen
auf den Frühstückstisch zaubern könnten. Aber nein, bitte löst euch
von all diesen Gedanken und unrealistischen Erwartungen. Was wir

vielleicht seit vielen Leben in uns getragen haben, kann nicht mit einem »hex, hex« verschwinden.

Jeder Schmerz, und ist er noch so klein, möchte uns etwas zeigen, möchte uns und unser Bewusstsein darauf ausrichten, frei von diesem Schmerz zu sein und in dir eine tiefere Erkenntnis verankern:

Alles dient, auch der Schmerz!

Entwickle das Vertrauen, dass jede Krankheit ihre Zeit braucht, um körperlich oder seelisch zu heilen.

Es wird auch nicht funktionieren, andere für dich »machen zu lassen«. Du trägst alles, was du brauchst, in dir, auch die Verantwortung. Es ist dein Weg, dein Schmerz, und niemand kann ihn für dich übernehmen.

Andere Menschen können dir Möglichkeiten und Wege aufzeigen, ein Buch kann dich inspirieren, ein Seminar kann dir neue Methoden und Techniken an die Hand geben, doch ausführen und anwenden darfst du selbst.

Alles ist bereits in dir, wende es an. Bitte Gott z.B., deine Verletzung über einen Streit in deiner Partnerschaft zu heilen, in der dich die Worte deines Partners tief verletzt haben. Gott verordnete dir z.B. eine direkte Herzberührung von Erzengel Chamuel und dem Einhorn Liebeszauber, und es geschieht etwas ganz Wundervolles: Dein verletztes Herz öffnet sich und Heilung kann geschehen.

Ich selbst habe vor einigen Jahren eine Spontanheilung erfahren. Das ist jedoch nicht die Regel, sondern ein Wunder!

Ich hatte eine schlimme Entzündung an einer sehr unangenehmen Körperstelle. Sie wollte einfach nicht verheilen und musste immer wieder sehr schmerzhaft bei einem Arzt behandelt werden.

Ich war so verzweifelt und rief weinend Jesus/Sananda. Ich bat ihn um Hilfe und werde den Moment seiner Berührung nie vergessen. Alles flimmerte vor meinen Augen, mir wurde unendlich heiß und die Energie strömte durch mich hindurch. Ich durfte das Wunder erleben, von Jesus/Sananda berührt und geheilt zu werden.

Am nächsten Tag war meine Entzündung vollständig ausgeheilt. Bis heute bin ich von diesem Erlebnis tief berührt und dankbar dafür, denn es hat mir gezeigt, dass dem, der glaubt, alles möglich ist.

Das kannst du für dich tun:

Termin bei Gott

Nimm dir einen Moment Zeit, suche dir einen Ort der Ruhe und verbinde dich mit Gott. Rufe ihn an, und erzähle ihm von deinem Schmerz, deiner Krankheit. Bitte ihn um Hilfe, übergib ihm deine Sorge und bitte um Einhornmedizin aus der Apotheke Gottes.

Empfange sein Rezept, und warte auf die Krankenschwestern und Pfleger, die dich liebevoll umsorgen.

Erwarte das Unerwartete, und gib dir den Raum für Wunder.

Verweile so lange, wie es sich für dich gut anfühlt, und kehre dann langsam ins Hier und Jetzt zurück.

Einhornenergie empfangen

Du kannst mit allen Lichtwesen, ob Einhörnern, Engeln oder anderen, energetisch arbeiten und sie um ihre Hilfe bitten.

Die Einhörner haben eine ganz besonders wundervolle Art, uns ihre Energie zur Verfügung zu stellen. Sie senden sie direkt in unsere Handinnenchakren.

Auf diese Weise kannst du die Energie von jedem Einhorn empfangen, sowohl von deinen persönlichen als auch von allen anderen.

Probiere es doch gleich einmal aus!

Öffne deine Hände mit dem Handrücken nach unten und rufe deine persönlichen Einhörner zu dir. Vielleicht kannst du spüren, wie sich ihre Energie neben dir und um dich herum ausbreitet.

Das Einhorn mit dem weiblichen Aspekt steht dir zu deiner Linken gegenüber und das Einhorn mit dem männlichen Aspekt zu deiner Rechten. Bitte jetzt das weibliche Einhorn, deine linke Hand mit ihrem Lichthorn zu berühren und spüre, wie es in der Mitte deines Handinnenchakras zu kribbeln und zu pulsieren beginnt. Es fühlt sich an, als würde sich eine leere Batterie auffüllen. Gleichzeitig wird deine linke Hand immer schwerer und schwerer.

Bitte nun das männliche Einhorn, deine rechte Hand mit seinem Lichthorn zu berühren und spüre, wie seine Energie in dein rechtes Handinnenchakra hineinfließt und es in deiner Hand zu kribbeln und zu pulsieren beginnt. Dein Handinnenchakra füllt sich an, es füllt sich auf wie bei einer Batterie. Gleichzeitig wird deine rechte Hand immer schwerer und schwerer.

Empfange die Energien bis du das Gefühl hast, beide Hände fühlen sich gleich schwer an. Halte deine Hände dann für einen Moment wie ein Dreieck oder eine Pyramide vor dein Herz und spüre, wie sich ein Energiefeld zwischen deinen Händen ausbreitet, wie die Energie zwischen deinen Händen im Kreis umherfließt, von links nach rechts, und sich die Energien des weiblichen und des männlichen Aspekts miteinander verbinden und eins werden.

Nun lege deine linke Hand auf dein Herz und deine rechte Hand auf deinen Bauch, auf deinen Solarplexus. Spüre, wie die Energie deiner persönlichen Einhörner in dich einströmt und dein Herz er-

wärmt. Ihre vereinte Energie bringt auch die männliche und weibliche Energie in dir in Einklang.

Genieße diesen Strom der Liebe, so lange du möchtest.

Du kannst auf die gleiche Art und Weise z.B. auch die Energie des Einhorns Himmelschutz empfangen, welches gemeinsam mit Erzengel Raphael auf dem grünen Strahl der Heilung wirkt.

Keine Sorge, du musst nicht all ihre Namen kennen! Rufe einfach die Energie an, die du gerade benötigst, in diesem Fall cas Einhorn der Heilung.

Öffne genau wie oben beschrieben deine Hände, und empfange die Einhornenergie des grünen Strahls der Heilung. Du karnst sie natürlich auch gerne bei ihrem Namen nennen.

Hier ist eine Liste zur Zuordnung der Einhörner, Engel und Meister in Verbindung mit ihrem Farbstrahl und dem Wochentag, an dem ihre Energie am präsentesten für uns ist.

An welchem Wochentag ist welche Energie am stärksten spürbar? Betrachte es wie den Bereitschaftsdienst der Farbstrahlen-Apotheke, von wo du dir jederzeit Einhornmedizin erbitten kannst.

Hier kannst du nachlesen und immer wieder schauen, welcher Farbstrahl heute am stärksten auf die Erde scheint und welche Lichtwesen dir somit ganz nah sein können, wenn du sie rufst.

Montag: Einhorn Morgana (Erzengel Jophiel) & Einhorn Minerva (Meister Konfuzius)
Der gelbe Strahl

Dienstag: Einhorn Liebeszauber (Erzengel Chamuel) & Einhorn Jennifee (Lady Rowena)
Der rosa Strahl

Mittwoch: Einhorn Silberstern (Erzengel Gabriel) & Einhorn Soraya (Meister Serapis Bey)

Donnerstag: Einhorn Himmelsschutz (Erzengel Raphael) & Einhorn Allegria (Meister Hilarion)
Der grüne Strahl

Freitag: Einhorn Friedensklang (Erzengel Uriel) & Einhorn Magnolia (Lady Nada)
Der rubinrote Strahl

Samstag: Einhorn Alchemist (Erzengel Zadkiel) & Einhorn Xantinus (Meister Saint Germain)
Der violette Strahl

Sonntag: Einhorn Löwenherz (Erzengel Michael) & Einhorn Sirius (Meister El Morya)
Der blaue Strahl

Einhornberührung

Die Berührung eines Einhorns ist etwas ganz Besonderes. Einhörner berühren dich nicht so, wie es Menschen tun – du spürst sie nicht auf deiner Haut – und auch nicht so, wie es Engel tun, die dich in deinem Herzen berühren und tröstend mit ihren Flügeln umfangen. Nein, ein Einhorn berührt tief in der Seele, an dem Punkt, den du zuvor nicht kanntest.

Einhörner bringen Gefühle und Erinnerungen in dir hervor, von denen du nicht wusstest, dass es sie gibt. Eine Einhornberührung ist ein unglaublich schönes Gefühl, das mit nichts zu vergleichen und nicht mit Worten zu beschreiben ist. Du bist eingeladen, deine Seele in der Tiefe ihres Seins von den Einhörnern berühren zu lassen.

Achte auf alle Bilder, Erinnerungen und Botschaften, die du durch die Berührung empfängst. Vielleicht hörst du in nächster Zeit ein Lied, das dich auf einmal tief berührt und dir nicht mehr aus dem Kopf geht, das dich zum Träumen bringt oder wie heilender Seelenbalsam in jede Ebene deines Seins dringt. Erlebe, wie liebevoll die Einhörner dir mit diesen Zeichen ganz nahekommen und dich begleiten. Sie schenken dir wahre Seelenführung durch Seelenberührung in der auf dich wartenden Zeit.

Spüre die Aura eines Einhorns

Das, was Einhörner besonders macht, ist, dass sie uns ihre Aura spüren lassen, wenn sie uns nahekommen. Durch ihre starke Erdverbundenheit ist es ihnen möglich, uns so nahezukommen, dass wir sie förmlich berühren können.

Die gegenseitige Berührung der Auren ist ein wunderschönes Erlebnis, die Einhörner laden dich herzlich dazu ein.

Etwas ganz Besonderes ist es, wenn du ihnen den Raum dafür bereitest, indem du schöne Klänge auflegst, vielleicht ein paar Kerzen anzündest und Blumen aufstellst.

Wenn du so weit bist, setze dich ganz bequem an den von dir vorbereiteten Ort, und schließe die Augen.

Rufe deine persönlichen Einhörner zu dir und spüre, wie sich langsam die Energie um dich herum verdichtet, ausbreitet und dich einhüllt. Vielleicht kannst du schon ihren himmlischen Duft wahrnehmen. Lade sie dazu ein, dir ganz nahezukommen, und spüre, wie sich eines der Einhörner direkt vor dich stellt – vielleicht kannst du ja auch seine oder ihre Silhouette wahrnehmen.

Bitte das Einhorn darum, jetzt deine Aura zu berühren …

Spüre, wie dich ein alles durchdringendes Gefühl erreicht und du und das Einhorn euch durch die Berührung verbindet.

Bitte das Einhorn jetzt darum, es erspüren zu dürfen, greife langsam nach vorne und nimm sein Energiefeld wahr. Vielleicht kannst du es tatsächlich streicheln, vielleicht spürst du Wärme oder einen Widerstand. Versinke in der gegenseitigen Berührung eurer Energiefelder und genieße diesen ganz besonderen Moment.

Dann bedanke dich und löse dich wieder. Kehre ganz in deine Energie zurück, oder nutze sie an dieser Stelle für die nun folgende Verbindungsübung, die Kommunikation mit dem Einhorn.

Kommuniziere mit einem Einhorn

Wir können mit unseren persönlichen und auch mit allen anderen Einhörnern mittels telepathischer Verbindungen kommunizieren.

Ich liebe es, diese Übung mit der der Auraberührung zu verbinden. Natürlich kannst du beide Übungen aber auch unabhängig voneinander durchführen.

Lege dir hierfür, wenn du möchtest, einen Zettel und einen Stift bereit.

Setze dich ganz entspannt hin, und rufe das Einhorn, mit dem du gerne kommunizieren möchtest, oder sende deinen Ruf an alle Einhörner und schaue, welches zu dir kommt.

Wenn du wissen möchtest, welches Einhorn heute an deiner Seite ist, frage nach seinem Namen und vielleicht auch, aus welcher Herde es zu dir gekommen ist.

Überlege dir bitte vorher, ob du eine individuelle Botschaft von dem Einhorn empfangen möchtest oder ob du ein gezieltes Anliegen hast, bei dem du das Einhorn um Hilfe bitten willst.

Dann bitte das Einhorn oder die Einhörner zu dir an deine Seite.

Spüre, wie sich seine Präsenz vor dir manifestiert.

Wenn du dich aus der Auraberührung weiter verbinden möchtest, lies bitte weiter.

Wenn du es wahrnimmst, dann bitte das Einhorn darum, eure Herzen mit einer Regenbogenlichtbrücke zu verbinden.

Du spürst die Anbindung sofort, indem sich eine wohlige Wärme in deinem Herzen ausbreitet oder ein Kribbeln bemerkbar macht.

Lasse nun deinen Kopf langsam nach vorne sinken und lege dein Drittes Auge, die Mitte deiner Stirn, an das Lichthorn des Einhorns. Du wirst deutlich spüren, wie ihr euch miteinander verbindet und du wirst den Widerstand seines Kopfes bemerken.

Lasse alle Gedanken los, und vertraue dir und deiner Intuition, dann wirst du die Worte, Bilder oder Gefühle des Einhorns empfangen.

Gerne kannst du auch aufschreiben, was du wahrnimmst, oder die Information in deinem Herzen speichern.

Wenn der Informationsfluss beendet ist, bedanke dich bei dem Einhorn und es wird die Regenbogenbrücke wieder auflösen.

Wenn du mehr Übung in der Kommunikation mit den Einhörnern hast, kannst du auch damit beginnen, mit den persönlichen Einhörnern eines anderen zu kommunizieren. Das Wichtigste ist dabei jedoch, dies nie ohne das Wissen des anderen zu tun, sondern nur wenn er oder sie dich darum bittet.

Und es geschah in der Heiligen Nacht ...

Wie schon sehr häufig in dieser Inkarnation schwebte ich in der Nacht des Heiligen Abends 2012 erneut zwischen Leben und Tod und war keineswegs abgeneigt, dieses Mal die Erde endgültig zu verlassen – denn mein Vater war in diesem Jahr bereits vorausgegangen – als mir plötzlich ein strahlend weißes Einhorn erschien und mich auf die andere Seite des Schleiers trug. Ich kam an einem paradiesischen Ort an, der von hellstem Licht erleuchtet war – eine überirdisch strahlende Gestalt trat aus einem Lichtkelch auf mich zu. Es war niemand anderes als Jesus Christus selbst, mein geliebter Freund aus meiner Kindheit. Er blickte mich mit seinen schönen, tiefgründigen Augen voller Liebe an und sprach:

> »Geliebte Schwester, willst du die Erde wahrhaftig schon verlassen? Bist du gewiss, dass du deine Mission bereits erfüllt hast? Es steht dir frei zu entscheiden, dennoch bitte ich dich, weise zu handeln.«

Gleichzeitig spürte ich den intensiven Blick des Einhorns auf mir, als wollte es sagen:

> »Na, was willst du? Du hast doch uns! Und es gibt noch so viel für dich zu tun!«

Ich schaute vom einen zum anderen und traf meine Wahl, nämlich, meine Seelenmission, wie auch immer sie aussehen mochte, weiter zu erfüllen.

In den nächsten dreieinhalb Monaten war nicht klar, ob ich das Jahr 2013 überleben würde. Doch dank meiner großartigen Freundinnen Susanna und Johanna, welche mir insgesamt ca. 200 ISIS ANGEL HEALING®s gaben, musste ich nicht monatelang in die Klinik wie zu den Zeiten meiner Leukämie, sondern konnte fast alle meine Workshops und Trainings halten.

Diese intensive Zeit war begleitet von unzähligen nächtlichen Besuchen von Jesus Christus und auch Maria Magdalena. Ich erhielt zahlreiche Einweihungen von den beiden und spürte mehr Liebe in mir als je zuvor. Auch wenn ich nicht wusste, wie und ob es weitergehen würde, fühlte ich in mir einen tiefen Frieden und das Wissen, dass alles einen tieferen Sinn hat.

Da bekam ich auf einmal die Botschaft von Maria Magdalena, dass ich ihre Grotte im Süden Frankreichs aufsuchen müsste, um gesund zu werden. Ich hatte nicht die leiseste Ahnung, wie ich den Berg hinauf kommen sollte. Doch ich wusste, wenn sie darum bat, würde ich es irgendwie schaffen. So rief ich mein persönliches Pegasus-Einhorn Philandros an und bat es, mich mehr oder weniger den Weg hinaufzutragen.

Und siehe da, auf einmal stand ich in der heiligen Grotte und die Tränen strömten nur so aus meinen Augen, denn ich erinnerte mich daran, dass ich einst mit Maria Magdalena dort gewesen war.

Nur wenige Sekunden später erschien sie selbst in strahlendstem Licht begleitet von Jesus Christus und heilte mich gemeinsam mit ihm. Mein ganzer Körper vibrierte in einer mir bisher unbekannten Art und Weise – und ich wusste, alles ist gut!

Im Anschluss daran initiierten sie mich in ihre Heilungsenergie und sprachen zu mir:

> »Hiermit legen wir dir die Gabe der Christus-Heilung in die Hände. Du wirst es heute noch nicht in Worte zu fassen wissen, doch die Zeit wird kommen, in welcher du es kannst.«

Ich war sprachlos ob der Gnade, welche mir widerfahren war und voller Ehrfurcht vor der großen Aufgabe, welche vor mir lag.

Nur eineinhalb Monate später war es so weit: Wieder wurde ich von einem wunderschönen Einhorn in höhere Sphären getragen, als Maria Magdalena und Jesus Christus erschienen und mir ihre heilenden Worte, das heutige MAGDALENE HEALING®, übergaben, welche inzwischen – nicht nur bei mir – unzählige Wunder der Erlösung und der Heilung vollbracht haben.

Mein unendlicher Dank aus tiefster Seele gebührt Jesus Christus, Maria Magdalena und den wundervollen Einhörnern!

Isabelle von Fallois

Einhornfohlen

Einhornfohlen sind Lichtwesen, die uns mit ihrer verspielten Leichtigkeit berühren.

Sie gehören unserer persönlichen Einhornfamilie an und kümmern sich mit ihrer lichten, zarten Energie um unser inneres Kind, das wir im Alltag unseres Erwachsenenlebens oftmals verdrängen. Sie erinnern uns daran, zu spielen, zu tanzen, zu lachen und Freude zu empfinden.

Ganz besonders unterstützen uns Einhornfohlen in allen Phasen der Traurigkeit, bei Melancholie oder auch in depressiven Momenten. In diesen Phasen kann ich sie immer wieder ganz deutlich bei den Menschen sehen und auch ich selbst habe diese Erfahrung gemacht.

Mein Opa verstarb vor wenigen Jahren und ich war besorgt, ob meine Oma das alles gut überstehen würde. Ich rief die Einhornfohlen, um meine ganze Familie während der Phase des Abschieds, der Beisetzung und darüber hinaus zu unterstützen.

Sie waren sofort präsent und haben uns alle gemeinsam durch diese Zeit getragen. Ich habe auf diese Weise sehr schnell loslassen können, obwohl ich eine sehr enge Bindung zu meinem Opa hatte. Natürlich wusste ich, dass er zu Hause angekommen war und es ihm gut ging, doch die Phase der Traurigkeit, des Abschiedes blieb.

Meine ganze Familie war von Liebe umgeben, und meine Oma hat diesen für uns alle so traurigen Tag wunderbar gemeistert.

Ich kann es euch nur von Herzen empfehlen: Bittet die Einhornfohlen in diesen Momenten zu euch, egal, ob ihr selbst betroffen seid oder andere Menschen in ihrer Trauerphase begleitet.

Es ist magisch, wie sie die Traurigkeit – egal, woher sie auch kommen mag – in ihre zarten Farben einhüllen. Gemeinsam mit Mutter Maria wirken sie als besonderes Trostteam.

Aber natürlich haben Einhornfohlen besonders auf Kinder eine ganz starke Wirkung.

Man kann sie sehr häufig in der Aura schwangerer Frauen wahrnehmen. Einhornfohlen begleiten die Seelen von Beginn ihres Erdenweges an.

Eine der häufigsten Fragen von Kinder an die Einhornfohler ist, wie sie geboren werden. Eine Mutter schrieb mir dazu einmal diese süße Nachricht:

Aloha liebe Melanie, wir waren auf dem Einhorn Sommer Camp mit unsern Kids Mila und Lilou. Gestern fragte mich Mila: »Mama, wie werden denn Einhornfohlen geboren?« Eine Fee kommt, wenn ein Baby das erste Mal lacht (Tinkerbell). Ich konnte ihr es nicht sagen und versprach ihr, die liebe Einhornfrau vom Sommer Camp zu fragen, wir würden uns von Herzen über eine Antwort freuen.

Diese Frage möchte ich gerne allen Kindern und Erwachsenen beantworten. Ich durfte es nämlich einmal auf einer nächtlichen Reise zu den Einhörnern sehen und erleben und erzähle euch gerne davon:

Es fand zuvor eine Begegnung mit dem König der Einhörner statt. Er hatte einen glitzernden Funken in seinem Blick und sagte zu mir: »Komm wir müssen los, es ist so weit.« Wir gingen geradewegs auf eine, von vielen Bäumen umwachsene Lichtung zu, als ich die Königin der Einhörner erblickte und ihr Sanftmut und ihre Lieblichkeit mich augenblicklich einhüllten.

Sie sagte: »Wie schön, dass du meinem Ruf gefolgt bist, heute hier bei uns zu sein. Gleich ist es so weit, unser Fohlen wird sich manifestieren, und du bist eingeladen, dabei zu sein, um mit uns gemeinsam das Wunder der Liebe und des Lebens zu erleben.«

Ich war ganz gerührt und berührt zugleich, ich durfte einer Einhornfohlengeburt beiwohnen.

»Nimm an einem der Bäume Platz«, baten sie mich.

Ich spürte die Magie, die in der Luft lag.

Der König und die Königin der Einhörner führten ihre Lichthörner an den Spitzen zusammen, in diesem Moment strömten aus ihren

Herzen zwei Lichtregenbogen heraus, die sich in der Mitte zwischen ihnen trafen und eins wurden.

Sie waren nun wie in einer Lichtkugel miteinander verbunden, und ich durfte einen ganz besonderen Moment erleben.

Elfen kamen hinter den Bäumen hervorgelaufen und bereiteten aus Moos einen kleinen runden Teppich. Ich beobachtete, wie das vereinte Regenbogenlicht zwischen den Herzen der Einhörner zu glitzern und zu funkeln begann und sie ihr Licht gezielt auf den von den Elfen liebevoll ausgelegten Moosteppich richteten.

Im nächsten Moment wurde es sichtbar, das kleine Einhornfohlen.

Ich war von diesem Erlebnis zutiefst gerührt. Es ist kaum mit Worten zu beschreiben, wie viel Liebe spürbar war.

Der König und die Königin umkuschelten das Kleine liebevoll und stupsten es zart mit ihren Schnuten an.

Die Elfen hakten sich ein und tanzten vor Freude im Kreis. Ja, eine unbändige Freude verteilte sich über allem und jedem. Die Königin der Einhörner forderte mich mit einem liebevollen Blick auf, zu ihnen zu kommen …

Ganz langsam stand ich auf und näherte mich ihnen. Ich kniete mich vor das kleine Einhornfohlen und bestaunte es. Aus seinem Minilichthorn floss ein Regenbogen zum Herzen der Königin. Sie sagte zu mir: »Darf ich dir jemanden vorstellen? Das ist Milan. Er wird schon bald zum Hohen Rat der Einhörner gehören und mit einer Einhornherde zur Erde kommen. Du darfst ihn gerne streicheln.«

Ich berührte ihn ganz vorsichtig und spürte, dass uns diese Berührung sofort verband. Die Königin erzählte weiter von seiner Aufgabe, von seinem Wirkungsbereich für alle Menschen- und Tierkinder auf Erden.

»Es ist die göttliche Freude, zu sehen, das Leben zu sehen, wie es ge-speist und getragen von Liebe und Energie entsteht. Lebe die Unbe-kümmertheit deines Seins, lasse dich niemals von der Last des Lebens erdrücken. Tue es den Menschen- und Tierkindern gleich, lebe frei von Angst und Schuld, wachse immer weiter über dich hinaus, sieh die Freude, das Vertrauen in Gott, in die Welt und in deine Zukunft.

Schenke jedem Lebewesen deine bedingungslose Liebe.

Ich bin allezeit bei dir.

Ich bin Milan.«

Heute wirkt Milan bereits in seiner Funktion als ältestes Einhorn seiner Herde für den Hohen Rat der Einhörner, denn alle anderen sind neu-geborene Einhornfohlen, die uns einen ganz besonderen Zauber zeigen und spüren lassen möchten:

Immer wieder vertrauensvoll das Neue, Unbekannte zu erleben, den Zauber des Neuanfangs, egal, was immer es auch sein mag, frei von jeglichen Sorgen und Ängsten in erwartungsvoller Hoffnung zu genießen.

Lebe deinen Traum!

Kinder und Einhörner

Ich hatte bereits viele Begegnungen mit Kindern und Einhörnern und konnte jedes Mal denselben Eindruck gewinnen: Sie lieben sich gegenseitig so sehr.

Die Kinder der neuen Zeit nehmen die Einhörner von Anfang an wahr. Ich fragte einmal in einer Runde mit Kindern, ob sie an Einhörner glauben würden, und fast gelangweilt antworteten sie: »Natürlich!«

Eine Mutter erzählte mir, dass ihr ihre kleine Tochter bereits mit sieben Monaten die Anwesenheit der Einhörner zeigte. Die Kleine nahm – während sie ihr Fläschchen bekam – ihr Händchen, öffnete es, hielt es zur Seite und machte ein schnalzendes Geräusch sowie Pferdehufeklackern. Die Mutter sagte, dass die Anwesenheit des Einhorns so auch für sie deutlich spürbar war.

Während einer Messe in der Schweiz hatte ich eine sehr lustige Begegnung mit einer Dame. Vor dem Spiegel auf der Damentoilette puderte ich mir kurz vor meinem Vortrag noch einmal das Gesicht, während die Dame dasselbe tat. Sie fragte mich, ob ich auch einen Stand hätte und ich sagte: »Ja, wir sind mit den Einhornessenzen hier.«

Sie schaute mich freudig an und erwiderte: »Einhörner, wie wunderbar!« und erzählte mir, dass sie in einem Waldkindergarten arbeiten würde und die Kinder die Einhörner sehr liebten.

Sie hätten gerade so ein schönes Kinderbuch über Einhörner gelesen, »Tara und der Glückssegen der Einhörner«. Ich schmunzelte, und sie erzählte weiter, dass die Kinder jeden Tag mit dem Einhorn Maleika spielen würden und wie herzig dies sei.

Sie fragte mich, ob ich es vielleicht kennen würde? Ich sagte: »Ja, ich habe es geschrieben!«, und wir lachten vor lauter Freude miteinander und umarmten uns.

Eine liebe Bekannte erzählte mir, wie sie eine Freundin mit zwei 6-jährigen Mädchen traf. Sie kam mit den Mädchen ins Gespräch und sie begannen, ihr begeistert von Einhörnern und einem Pegasus zu erzählen. Sie sagte dann: »Ich habe ein Einhorspray dabei. Soll ich euch einmal damit besprühen?« Die Mädchen wollten sie gar nicht mehr loslassen und alles über die Einhörner erfahren, was sie wusste. Die beiden sagten nach dem Gespräch, dass sie sie einmal besuchen kommen wollten und alle ihre Freundinnen mitnähmen, damit sie allen von den Einhörnern erzählen könne.

Ein paar Tage später bekam sie von der Freundin eine Nachricht, in der stand: »Die Kinder sind der festen Überzeugung, dass du nur so viel über Einhörner weißt, weil sie bei dir wohnen. Sie haben nun beschlossen, bei dir einzuziehen, um mit den Einhörnern zusammenzu-

leben und zu wohnen.« Dieser Wunsch ist natürlich nicht in Erfüllung gegangen, doch die Kinder kamen zu Besuch und erfuhren von ihr alles über Einhörner. ☺

Auf einem meiner ersten Messebesuche ereignete sich etwas ganz Erstaunliches, was ich wohl niemals vergessen werde.

Ich unterhielt mich an unserem Stand lange mit einer Mutter über die Essenzen, und sie nahm für ihre knapp 3-jährige Tochter die Fohlenessenz mit. Sie hatte zuvor noch keinen Kontakt zu Einhörnern, war aber neugierig, wie ihre kleine Tochter darauf reagieren würde.

Am nächsten Morgen hielt ich einen Vortrag, zu der auch die Dame in Begleitung ihres Mannes und ihrer kleinen Tochter kam. Nach dem Vortrag kamen sie gemeinsam zu mir und erzählten mir Folgendes:

Sie kam mit dem Spray nach Hause und erzählte ihrer Tochter, dass sie ein Geschenk für sie habe. Sie sagte zu ihr: »Riech mal!«, und sprühte sie ein. Sie und ihr Mann versicherten mir, dass sie zuvor noch nie mit ihr über Einhörner gesprochen hatten. Sie erzählte mir, wie ihre Tochter nach dem Sprühen zu lachen und zu tanzen anfing und begann, den Eltern von den Einhörner zu erzählen und sie ganz genau zu beschreiben. Sie sang und tanzte eine halbe Stunde lang, und sagte immer wieder: »Ich sehe die Einhörner«. Das von der ganzen Familie zu hören und das Kind so glücklich zu sehen, war so bezaubernd ...

Auf unserem zweiten Einhorn Sommer Camp, auf dem die Kinder ihr eigenes Kinderfestival neben den Erwachsenen erlebten, kam ein kleiner ca. 8-jähriger Junge zu mir. Er nahm meine Hand und wir gingen ein Stück zusammen. Er sagte zu mir: »Weißt du, Melanie, es ist mir ganz egal, was die anderen Kinder sagen. Auch wenn es mich manchmal traurig macht, dass sie über mich lachen, aber die Königin der Einhörner ist bei mir, schon immer, und das ist einfach so!«

Es war so unendlich berührend, wie glücklich er darüber war, dass ich ihn verstand, und wir plauderten noch eine ganze Weile miteinander.

Es ist nicht immer leicht für die Kinder, ihr Potenzial weiter bewusst zu leben, wenn sie größer werden und ihre natürliche Wahrnehmung im Außen nicht akzeptiert wird. Versucht bitte, ihnen, so gut es geht, alle Möglichkeiten zu bieten, die es ihnen erlauben, sich voll entfalten zu können. Bittet die Engel und Einhörner, eure Kinder liebevoll auf ihren Wegen zu unterstützen.

Lausche den Ältesten, denn sie tragen das alte Wissen in sich. Lausche den Kindern, denn sie tragen das neue Wissen in sich.

Das innere Kind

Die Einhörner erinnern uns von Zeit zu Zeit daran, mit unserem inneren Kind Kontakt aufzunehmen. Oftmals vergessen wir in unserer Erwachsenenwelt, die von Aufgaben und Verpflichtungen geprägt ist, zu spielen und Spaß zu haben. Verbinde dich mit deinem inneren Kind, und frage es, womit du ihm am meisten Freude und Spaß bereiten könntest?

Freude und Lachen wirken wie ein Magnet auf Engel und Einhörner. Sie wollen alle dabei sein und erfreuen sich an deiner Leichtigkeit. Mach dich und dein inneres Kind glücklich, denn die Geistige Welt liebt die Ausstrahlung deiner zufriedenen Seele.

Meditation:
Einhornberührung des inneren Kindes

Erinnere dich, wie du als kleines Kind ausgesehen hast! Wenn du möchtest, suche dir ein Baby- oder ein Kinderfoto von dir heraus, und schaue es dir an.

Schließe dann die Augen, und stelle dir vor, wie du dich selbst als kleines Kind auf dem Arm hältst. Halte dich nahe an deinem Herzen, und schaue das Kind auf deinem Arm an. Wie sieht es aus? Ist es zufrieden und fröhlich oder spürst du Unruhe oder Traurigkeit?

Rufe die Einhörner, bitte sie, zu dir zu kommen. Die Einhörner betreten den Raum und kommen dir ganz nahe. Eines tritt aus der Herde heraus und schaut dich und dein inneres Kind ganz liebevoll an. Spüre, wie sich das Kind auf deinem Arm durch die Anwesenheit der Einhörner verändert. Das Einhorn beugt sich über das Kind und berührt jetzt mit seinem Lichthorn zuerst das Herz des Kindes und danach deines. Ihr werdet in einen wunderschönen Zustand von Liebe und Geborgenheit eingehüllt. Du siehst, wie sich dein Herz mit dem deines inneren Kindes durch einen Regenbogen verbunden hat. Über diesen könnt ihr ab sofort kommunizieren. Auf diese Weise kann dir dein inneres Kind mitteilen, wann es z.B. mal wieder an der Zeit ist, Spaß zu haben, zu spielen, zu lachen und fröhlich zu sein. Halte das Kind an dein Herz. Spüre, wie ihr eins werdet und du deinem inneren Kind einen Platz in deinem Herzen gibst, an dem du ihm ganz leicht deine Aufmerksamkeit schenken kannst. Gib dem kleinen Wesen Raum in dir, in deinem Herzen.

Einhornherde – eine große Familie

Einhörner sind Herdenwesen. Eine Einhornherde ist eine große Familie. Innerhalb der Einhornherde gibt es keinen Stillstand. Wenn sich die Einhörner gemeinsam in Bewegung setzen, gehen alle mit, und jeder wird von der Gemeinschaft getragen.

Du kannst eine Einhornherde rufen, wenn es Probleme in der Familie gibt. Die Einhörner werden auf himmlische Art und Weise zwischen allen Familienmitgliedern vermitteln.

Eine Einhornherde steht jetzt an deiner Seite und nimmt dich in ihre Mitte, um dich mit den Themen und Situationen, die dich gerade beschäftigen, in Harmonie zu bringen. Spüre die Kraft, die dir durch die Einhornherde geschenkt wird.

Meditation:
Erlebe die Kraft einer Einhornherde

Rufe die Einhornherde der Weißen Bruderschaft zu dir. Spüre, wie sie sich alle um dich versammeln und sich ein unglaublich starkes Energiefeld um dich herum ausbreitet. Begrüße die Herde, indem du sie ganz sanft berührst und über die weichen Mähnen streichst. Eines der Einhörner bittet dich, auf seinen Rücken zu steigen.

Die Herde möchte gemeinsam mit dir durch einen Wald laufen. Sofort geht es los, alle Einhörner galoppieren im Einklang. Der Wind weht dir durchs Haar, und die Einhörner werden immer schneller und schneller. Es ist ein unglaubliches Gefühl, mit einer ganzen Einhornherde durch den Wald zu reiten. Freude steigt in dir auf, du kannst sie kaum noch zurückhalten. Die Herde vermittelt dir ein unglaublich kraftvolles Gefühl der Gemeinschaft und der kollektiven Energie der Einhörner. Du spürst, wie du mit kraftvoller Energie angefüllt wirst, die dich aufrichtet und euch miteinander verbindet. Ihr reitet ein letztes Mal noch über die Waldlichtung, bevor ihr an euren Ausgangspunkt zurückkehrt. Du fühlst dich unglaublich gut, und auch die Einhörner schnaufen ausgelassen. Bedanke dich und verabschiede dich von der Einhornherde der Weißen Bruderschaft. Kehre mit neuer Stärke in den Alltag zurück.

Einhornsegen

Ein Segen ist das Schönste, was man sich selbst und anderen schenken kann. Es ist ein Zustand, ein Moment göttlicher Vollkommenheit, den dir die Einhörner jetzt in diesem Moment schenken möchten. Dein Wirken und Sein ist ein Segen für die Welt. Gib diesen Segen weiter, und verbreite ihn überall dort, wo du bist. Versende Liebe, Licht und Einhornsegen!

Zu segnen bedeutet, eine himmlische Macht anzuwenden, und das obliegt allen Menschen. Du wirst schnell bemerken, wie sich dein Umfeld durch das Segnen verändert, wie z.B. deine Familie und deine Kinder friedlicher miteinander umgehen, dein Partner aufmerksamer und liebevoller ist.

Die wichtigste Botschaft für dich ist, alles in deinem Leben, auch die Herausforderungen, einfach alles, was dir begegnet, immer wieder zu segnen. So verleihst du auch einer für dich negativen Situation positive Energie. Das stärkt deinen Glauben und dein Vertrauen in die himmlischen Kräfte. Erkenne die positive Kraft des Segnens!

Zu schenken und beschenkt zu werden, ist etwas ganz Wundervolles: Mache es dir zur Gewohnheit, großzügig mit dem Verschenken des Segens zu sein.

Die Einhörner werden dir beim Verbreiten des Segens gerne behilflich sein. Beginne gleich damit, und verschenke ein kleines Stück himmlische Liebe in deinem Umfeld.

Sei ein Lichtmillionär des Segens und verteile ihn großzügig unter allen Menschen und Tieren, denn das, was du aussendest, kehrt zu dir zurück.

Übung:

Nimm dir einen Moment Zeit sowie einen Zettel und einen Stift zur Hand. Mache dir, wenn du möchtest, schöne Musik an, die du liebst und die dich in deinen Gedanken trägt.

Schreibe auf, wen und was du alles segnen möchtest. Schon allein, indem du darüber nachdenkst, sendest du die Energie dazu aus.

Dein Segen kann viel bewirken: Wenn du z.B. alle obdachlosen Menschen dieser Welt segnest, kann dies bewirken, dass der nächste Mensch, der einem um Essen oder Geld bittenden Menschen begegnet, diesem sein Herz öffnet und etwas gibt, wodurch sich sein Tag ein bisschen leichter gestaltet.

Ich segne dich und dein liebendes Herz.

Goldenes Herz

Die Einhörner sagen dir:

Wir sehen dein goldenes Herz!

Wir sehen deine Sehnsucht nach allem und mehr …

Nach Liebe, nach Vertrauen, nach Ankommen, nach zu Hause sein, nach da sei, nach glücklich sein, vereint mit Gott zu sein! Dein Wirken und Tun hinterlässt Spuren, geliebtes Wesen. Es ist so wundervoll, mit wie viel Liebe du alles tust, es erfreut alle Lichtwesen zutiefst.

Die Engel berichten uns Einhörnern so oft von dir, denn sie scharen sich gerne um dich. Sie lieben – genauso wie wir Einhörner – dein goldenes Herz.

Mache bitte weiter, verteile Licht und Liebe aus deiner Herzensenergie und berühre die Menschen und Tiere mit ihr. Du machst deine Aufgabe wundervoll!

Die Geistige Welt hat deinen Ruf vernommen und wir senden dir heute einen goldenen Lichtfunkenregen des Segens. Möge dich unser Segen auf deinem Licht- und Lebensweg voller Leichtigkeit voranschreiten lassen. Tanze im goldenen Funkenregen, und spüre, wie dich unser Segen berührt.

Eines der größten Geschenke der Einhörner ist ihre direkte Führung auf unserem Weg. Sie zeigen uns ganz genau die nötigen Schritte zum perfekten Timing auf.

Dazu möchte ich euch erzählen, wie ich zu meinem ersten Verlag kam.

Ich fuhr auf eine Veranstaltung nach Baden Baden, denn ich wollte mir gerne einen Vortrag von Linda Tucker anhören, da ich ihr Projekt mit den weißen Löwen einfach großartig fand.

Dort sitzend fiel meine Aufmerksamkeit auf einen Mann, der sie dolmetschte. Die Einhörner wurden spürbar aufgeregt, denn es kribbelte wie wild in meinen Ohren. Sie sagten mir, ich solle mit dem Mann sprechen. Ich wusste zu diesem Zeitpunkt nicht, wer dieser Mann war. Trotzdem konnte ich kaum noch dem Vortrag folgen, da mich ein Gefühl überrannte, das ich bis dato noch nicht gekannt hatte. Alles, was ich ahnte, war, dass es sehr wichtig sein musste. Der Vortrag ging zu Ende und der Mann wurde als Verleger eines großen, namenhaften Verlags vorgestellt. Mir stockte kurz der Atem. Wie sollte ich das machen? Was sollte ich sagen und war das die Aufforderung, ein Buch zu schreiben?

Ich war schrecklich aufgeregt und ging, um mich zu sammeln, kurz zur Toilette. Ich stand in der Kabine und sagte: »Ihr lieben Einhörner, was möchtet ihr von mir? Was soll ich tun?« Und in diesem Moment flogen pastellfarbene Lichtfunken um mich herum. Zugegeben, der Ort dieses Geschehens bringt mich auch nach Jahren noch immer zum Schmunzeln. Doch es war ein Einhornsegen, der mich in diesem Moment erreichte, und schon im nächsten wusste ich, was zu tun war.

Ich holte tief Luft und machte mich auf die Suche nach dem Verleger, den ich kurze Zeit später auch antraf.

Ich ging ganz mutig zu ihm, stellte mich vor und berichtete ihm von den Einhörnern. Er erwiderte sofort: »Ich liebe Einhörner«, und rief seine Lektorin zu mir. Er stellte mich ihr vor: »Das ist Melanie und sie ist in Verbindung mit Einhörnern, unterhaltet euch mal«. Wir sprachen sehr freundlich miteinander und sie gab mir ihre Karte, die ich anschließend zu Hause wie eine Trophäe auf meinen kleinen Hausaltar stellte.

Das war ein grandioses Erlebnis.

Ein paar Wochen später zeigte sich in mir die Vision eines Kartendecks und die Einhörner gaben mir den nötigen Anstoß, um dem Verleger eine E-Mail zu schreiben. Ich tat dies, segnete die E-Mail und hoffte sehr auf eine positive Antwort. Ich drückte auf senden, und ich schwöre euch, genau eine Minute später klingelte mein Telefon. Der Verleger war dran und sagte: »Ich habe deine Mail gelesen, wie machen wir es?«

Ich war völlig perplex, damit hatte ich nicht gerechnet.

Dieses Erlebnis zeigte mir einmal mehr: Was wirklich sein soll, passiert sofort. So verhält es sich mit allem, was die Einhörner gerne mit uns manifestieren möchten – es passiert sofort.

Das liebe ich so sehr an ihrer Führung. Da ich oftmals sehr ungeduldig bin, weiß ich auf diese Weise schnell, woran ich bin und ob etwas sein soll oder nicht.

Lemurien und
das *Ozeanische*
Bewusstsein

*D*ie Verbindung der Einhörner mit dem Meer besteht seit lemurischen Zeiten. Es gibt viele Abbildungen und auch Gemälde mit Einhörnern, die zeigen, wie sie aus dem Meer kommen. Dies hat seinen Grund, es ist das Ozeanische Bewusstsein, das wir alle in uns tragen. Das Meer hat seit Menschengedenken eine hohe Anziehungskraft. Jeder von uns trägt eine andere Verbindung zum Meer in sich, aber jeder Mensch hat sie. Ob es die Faszination der Weite ist, der Geruch, das tiefe wohlige Gefühl oder auch Angst …

Da alle Lebewesen miteinander verbunden sind, besteht diese Verbindung auch mit den Wesen der Meere. Sowohl mit jenen, die für uns sichtbar sind, als auch mit denen, die es nicht sind, den Lichtwesen der Meere.

Das Ozeanische Bewusstsein in den Tiefen der Meere ist ganz klar und rein, der Eingang in eine Welt unter der Welt. Die Tiefen der Meere sind unergründlich und der Eingang Lemuriens nicht für alle sichtbar.

Das Bewusstsein des Ozeans ist der Geist der Meere, die Energie, die alles zum Leben erweckt und aus den Meeren an Land bringt. Die Tiere der Meere sind alle diesem Spirit unterstellt, dem Geist der Meere, der uns so vieles zeigt, um unser Bewusstsein durch die Tiere zu erreichen. Das Wichtigste ist das Wasser, denn es trägt alle Informationen in sich und kann sie auf diese Weise zu uns bringen. Mit einem Schluck Wasser nehmen wir nicht nur Unmengen an Informationen in unsere Zellen auf, sondern auch das Bewusstsein in ihm.

Wasser ist die universelle Lebensenergie!

Da Wasser alle Informationen in sich trägt, ist es für uns ein wichtiger Wissensspeicher, in den wir in Begleitung der Lichtwesen der Meere eintauchen können.

Uns wird ein Eintauchen in die Tiefen aller Zeiten und Energien ermöglicht. Durch dieses Eintauchen tragen uns die Informationen in die Tiefe unseres Seins, zu unseren tiefen Emotionen und Gefühlen.

Um in das Ozeanische Bewusstsein einzutauchen, verbinde dich mit dem Strom der Freude, der dich auf der Welle der Liebe in deine Tiefen trägt.

Dazu lade ich dich zu folgender Meditation ein.

Rufe die Einhörner des Ozeanischen Bewusstseins an deine Seite, und spüre, wie sie sich mit dir verbinden, wie sich ihre Energie um dich herum ausbreitet, sie dich einhüllt und du jetzt gemeinsam mit ihnen am Strand, direkt vor dem Meer stehst.

Du schaut auf das Meer, bist ganz versunken in diese Weite …

Die Einhörner sprechen mit vereinter Stimme zu dir:

Ozeanisch soll es sein, dein Bewusstsein, klar und rein …

Siehst du die Wellen? Beobachte ihren Tanz!

Eine Welle ist immer in Bewegung, die Welle bricht und bildet einen Tunnel …

Plötzlich tauchen aus dem Wasser zwei Meerjungfrauen auf, die von Delfinen begleitet werden:

»Wir sind aus den Weiten des Meeres gekommen, um dich nach Lemurien zu begleiten.« Du gehst gemeinsam mit den Einhörner des Ozeans auf die Meerjungfrauen und Delfine zu. Die Delfine schwimmen dir entgegen, um dich zu begrüßen. Sie scheinen ganz aufgeregt zu sein und tönen freudig und liebevoll.

Auch du bewegst dich in Richtung des Wassers und fühlst, wie das leicht kühle aber angenehme Wasser ein Mal deine Füße umspült und sich die Welle dann langsam wieder zurück ins Meer zieht. Mit jeder einzelnen Welle, die deine Füße und Beine berührt, spürst du, dass du auf der Welle der Liebe getragen wirst.

Du siehst, dass das Wasser flach ist, und mit jeder einzelnen Welle gehst du Schritt für Schritt tiefer ins Wasser. Du fühlst dich geborgen und aufgehoben. Du spürst den Strom der ewig fließenden Energie.

Das Wasser ist klar und ruhig. Die Sonnenstrahlen glitzern durch es hindurch und du kannst bis zum Grund des Meeres schauen. Es fühlt sich alles vertraut und beschützt an. Nun wird das Wasser tiefer. Die Meerjungfrauen haken dich unter ihren Armen ein und du lässt dich sanft und voller Vertrauen durch das Wasser gleiten. Plötzlich tanzt eine große Welle vor euch. Du blickst in ihren Tunnel und wie von einem Sog werdet ihr in die Tiefen des Ozeans hineingezogen.

Du spürst, dass es für dich ganz normal ist, zu tauchen. Deine Atmung ist harmonisch und regelmäßig. Atme ganz bewusst weiter.

Du spürst, wie Stille einkehrt und du dich mit dem Strom der Freude verbindest, indem du dich positiv und kraftvoll auf die universelle Lebensenergie ausrichtest.

Tauche ein, tauche ab und erlebe das Ozeanische Bewusstsein.

Du wirst von einer Delfingruppe begleitet, die lustig im Meer um dich herum tanzt. Der Sog wird immer stärker. Wie durch einen Strudel werdet ihr in die Tiefen der Meere gezogen.

Ihr taucht auf und seid mit einem Satz auf einem Felsvorsprung …

Du bist in Lemurien angekommen. Die Delfine tönen freudig im Meer und auch die Meerjungfrauen gleiten zurück ins Wasser. Sie warten dort auf dich. Du schaust dich um und erblickst in der Ferne einen wunderschönen Tempel, den Tempel der großen Göttin.

Kehre durch dein lemurisches Herz in dein Lemurien zurück. Du erhältst jetzt Einblick in deine lemurischen Wurzeln.

Ein großer goldener Engel steht vor dir und möchte die Eigenschaften deines lemurischen Herzens in dir aktivieren. Du stehst auf und er umfängt dich mit seinen großen goldenen Lichtschwingen. Dein Herz wird ganz warm, ganz weich, ganz leicht, unendlich friedlich. Gib dich dem Strom der Liebe, der gerade durch dein Herz strömt, hin.

Wundervolle, himmlische Gesänge erklingen, und du kommst ganz tief in deinem Herzen in dem Bewusstsein an, ein geistiges Wesen in einem menschlichen Körper zu sein.

Deine Einweihung beginnt hier in Lemurien: Gib dich dem Strom der Liebe hin und fühle, erlebe, was dir nun zuteilwerden darf …

… das Göttliche Erbe der Weiblichkeit wieder anzunehmen. Empfange die Frequenzen dieser Energie durch die Engel Lemuriens, die sich hier im Raum um dich herum versammelt haben. Empfange die Energie der großen Göttin, um deine weibliche Urkraft jetzt von ihr aktivieren zu lassen.

Die Einhörner stehen nun im Kreis um dich herum und sprühen ein Funkenmeer der Lichter in den Raum. Die Lichtfunken schweben ganz langsam zu dir herunter und übertragen dir mit jeder Berührung das Wissen über die Weisheiten der Natur und das Kristallwissen der alten Zeit. Die Lichtfunken berühren dich ganz sanft und übertragen dir all diese Informationen.

Es fühlt sich wundervoll an. Nimm dieses alte Wissen jetzt wieder an.

Du setzt dich auf den Felsvorsprung. Die beiden Meerjungfrauen reichen dir ihre Hände und du gleitest mit ihrer Hilfe ganz sanft in das Meer hinein.

Die Delfine schwimmen ganz langsam auf dich zu
und blicken mit einem Auge aus dem Meer hoch zu dir,
blicken dir direkt in deine Seele, du kannst es deutlich spüren.
Sie übertragen dir ihre Energie der Freude allein durch ihren Blick.
Nun beginnen sie, ihr Lied für dich zu singen und tauchen ab. Die
Meerjungfrauen erklären dir: »Wir sind die Töchter Poseidons und
freuen uns, dich gemeinsam mit den Delfinen durch dieses Portal
begleiten zu dürfen.« Nun taucht ihr gemeinsam ab. Du atmest
ganz entspannt weiter und vernimmst das Klangfeld der Delfine. Du
kannst es nun deutlich wahrnehmen und spüren. Sie schwimmen in
geometrischen Formen und du verstehst plötzlich die Verbindung
mit allem. Im Wasser, an Land wie im Himmel ist alles eins. Uns nährt
die gleiche Energie. Uns wärmt die gleiche Sonne. Wir alle sind
gleich geliebt vom himmlischen Vater.

Genieße noch für einen Moment dein Klangbad und die Schwere-
losigkeit im zeitlosen Raum.

Danke den Einhörnern, den Engeln Lemuriens, den Delfinen und
den Töchtern Poseidons für eure Reise hinein in und durch das Ozeanische Bewusstsein.

Du kommst langsam wieder an, spürst deinen Körper, bist wieder
ganz im Hier und Jetzt. Atme tief ein, bewege langsam deine Hände, und öffne die Augen …

Deine Melanie Missing und deine Anne-Mareike Schultz

Die Einhörner
der Meere
Narwale

von Jeanne Ruland

*I*ch danke Jeanne Ruland, die den Narwal in mein Bewusstsein gebracht hat und uns diesen wundervollen Text und diese Meditation über den Narwal für dieses Buch geschrieben hat.

Sie singen ihr Lied im Ozean der Freude,
sind stets im Hier und Jetzt und Heute.

Verharre nicht in alten Dingen, lasse
Gott in deinem Herzen singen.

Mach dich frei von alten Emotionen,
deine Reise wird sich lohnen.

Mit ihrem magischen Horn
verwandeln sie alten Zorn.

Sie bringen dir ganz viel Segen
Heilung wird's nun in der Tiefe geben.

Die Narwale kamen überraschend für ein Jahr als Jahreskrafttiere auf der inneren Ebene in mein Leben. So hatte ich die Ehre, auf den inneren Ebenen etwas über ihr Wesen zu erfahren und Heilung in der Tiefe der Seele zu erleben. Ich möchte hier einen kleinen Einblick geben in das, was sie mich in diesem Jahr auf der inneren Ebene über Träume, schamanische Reisen und Meditationen gelehrt haben. Sie erscheinen noch heute in Heilsitzungen, wenn es etwas Altes, weit Zurückliegendes in der Seele zu erlösen gibt.

Die Narwale gelten als »Einhörner der Meere«. Sie gehören zu den ältesten Lebewesen, den Großmüttern und Großvätern der Erde. Ihre Zähne wurden im Mittelalter gegen Gold gehandelt und als Horn des Einhorns, dem magische Kräfte nachgesagt werden, verkauft. Ihr Horn wurde und wird in vielen Heilsitzungen und schamanischen

Ritualen verwendet, da es tatsächlich besondere Kräfte in sich trägt. Mit ihm können alte Schocks in der Seele gelöst, Töne und Klänge geleitet, Engel und Wesen höherer Ordnung gerufen und Flüche und ungute Verbindungen bereinigt werden sowie vieles mehr.

Die Narwale leben im Arktischen Ozean und sind am häufigsten in Grönland, Alaska, Kanada und Sibirien in der Nähe des Packeises zu finden. Sie stehen mit den Ahnen und dem alten Wissen in Verbindung. Sie orientieren sich durch Töne, Gesänge und Schallwellen im Ultraschallbereich und gehörten zu den Klangwebern und Dimensionstorhaltern der Erde.

Ihr auffälligstes Merkmal ist ihr Horn, das in Wirklichkeit ein Stoßzahn ist. Im Oberkiefer werden zwei innen hohle, links gewundene Stoßzähne gebildet. Der linke Zahn entwickelt sich zu dem Horn das bis zu drei Meter lang werden und bis zu acht Kilogramm wiegen kann. Es hat verschiedene Aufgaben. Es dient als akustische Lanze, als Droh- und Angriffswaffe, dazu, Eis aufzubrechen und Energien auszuloten. Der Zahn enthält etwa zehn Millionen Nervenenden, mit denen der Wal Wassertemperatur, Wasserdruck, Salzgehalt, Dichte und Qualität des Wassers um sich herum erfassen kann.

Der Narwal nahm mich auf der inneren Ebene mit in das Ewige Eis. Ich fragte ihn nach seinem Namen und er gab mir den Namen Akasha durch.

Das Ewige Eis ist ein unglaublicher Wissensspeicher, eine Lichtbibliothek, in dem Wissen aus alten Zeiten – auch von vor den Eiszeiten –, eins zu eins exakt abgespeichert ist. Das Eiswasser empfand ich als besonders lichtvoll und glasklar. Es machte mich augenblicklich hellwach. So lernte ich, in unbewusste Vorgänge zu schauen. Wasser speichert alle Informationen. Das ewige Eis ist Teil der Akashachronik, so konnte ich in den alten Weisheitsbüchern der Erde lesen. Der Narwal führte mich in die unglaublichsten Bereiche des Unterbewusstseins und des kollektiven Bewusstseins hinein, das einen großen

Teil des gesamten Bewusstseins ausmacht, und viele unterirdische Strömungen hat, die wir in dieser Weise nicht kontrollieren und erfassen können und die doch unser Leben beeinflussen.

Das Eis enthält nicht nur positives Wissen, es speicherte alles ab, was je geschah.

So wurden mir Dimensionen und Räume unglaublicher Technologien gezeigt, die ich mit dem Verstand nicht begreifen konnte. Ich erhielt in einer Pyramide im Eis Unterricht über die freie Energie. Alte Erinnerungen und Erfahrungen aus Atlantis und Lemurien tauchten in meiner Seele auf. Die heilige Geometrie, Klang, Farbe, Form und Schwingung verstärkte sich in mir und wurde deutlicher wahrnehmbar. Alles in mir wurde heller, bewusster und klarer. Ich konnte in die Urmuster schauen. Ich konnte viele verschiedene Seiten einer Sache gleichzeitig erfassen, da sie sich in vielen Räumen und Blickwinkeln auf unterschiedliche Weise in den Eiskristallen und Wasserkristallen brach und widerspiegelte. Es war, als ob ich durch das Kaleidoskop der Schöpfung schaute. Es war eine interessante, multidimensionale und ungewöhnliche, unglaubliche bewusstseinserweiternde Erfahrung jenseits von Raum und Zeit, die ich kaum in Worte fassen kann.

Viele unserer Erfahrungen sind auf Eis gelegt, heruntergekühlt und eingefroren, bis wir bereit sind, hinzuschauen und den alten Schmerz, der vielleicht damals einfach zu groß war, zu erlösen.

Der Narwal berührte mich links an der Oberlippe, als Zeichen, dass er bei mir war. Immer wenn er sich zeigt, spüre ich eine leichte, kühle, kribbelnde Empfindlichkeit in der Oberlippe. Dann weiß ich, dass die Reise in die unbewussten Speicher unserer Seele geht.

Mir wurde bewusst, dass das Horn nicht wie beim Einhorn in der Mitte der Stirn sitzt, sondern aus der Oberlippe kommt. Dies ist der Punkt, mit dem wir alte Schocks lösen und die Energie befreien können. Da es der linke Zahn ist und die Energie links dreht, kann sie unsere Zelle

in ihren Ursprung zurückdrehen, heilen und verjüngen. Das erlebte ich jedes Mal, wenn etwas gelöst, bereinigt und in der Seele befreit wurde. Eine leichte Linksdrehung und ein kristallines Zurückdrehen in den ursprünglichen Zustand der Schöpfung.

Dazu erlebte ich, dass ich mich mit dem Horn wie durch einen Tunnel aus Licht und Energie in jede Erfahrung hinein- und wieder herausbewegen konnte. Diese Drehbewegung hatte ihre eigene Bedeutung und fühlte sich ruhig, sanft und gleichmäßig lichtvoll, gold, weiß, fokussiert und punktgenau an.

In diesem Jahr gab es einige Erlösungsarbeiten in der Seele zu tätigen. Unbewusste Bereiche rückten in das Bewusstsein. Auch waren in diesem Jahr immer gleichzeitig und parallel die Delfine und die Einhörner zugegen und bauten ein großes Lichtfeld auf, in das neues Bewusstsein einströmen und in dem viel Heilung geschehen konnte. Das fand ich sehr spannend, ist doch der Narwal ein Brückenbauer zwischen den Delfinen und Einhörnern. Er zeigte mir, dass die Einhörner aus den Wellen des Ozeans der Liebe entstanden sind. Dieses Bild war wunderschön.

Ich fragte den Narwal, ob ich etwas für ihn tun könne und er zeigte mir die Narwaljagd, so wie sie seit einiger Zeit, ohne Verbundenheit und Spirit gehandhabt wird. Unzählige Kugeln werden auf die Narwalherden geschossen, in den Rücken oder in den Kopf. Nur ein oder zwei Narwale können dann aus dem Meer gefischt werden, die restlichen Narwale gehen alleine und schmerzhaft verletzt zugrunde. Dieses Bild erschütterte mich. So begannen wir, die Seelen der Narwale zu erlösen, indem wir die Kugeln und Schmerzen in ihren Körpern im Geiste auflösten, sodass sich das Licht der Seele vollständig befreien und lösen konnte. Möge der Geist der Narwale die Menschen wieder tief in der Seele berühren. In den arktischen Meeren stieg viel Licht auf – das Eis beginnt in den Herzen der Menschen zu schmelzen.

Wenn sich uns ein Krafttier zeigt, so ist es immer gut, zu fragen, ob wir auch etwas für dieses tun können. So können wir etwas von unserer Liebe und unserer geistigen Tätigkeit in den großen Kreislauf zurückgeben. Alles ist verbunden, wir sind eins.

Der Narwal ist ein liebendes, warmes, sehr empfindsames, uraltes Wesen der Ozeane. Er öffnet unsere höheren Sinne und führt uns in die Welt der Seele, besonders in das Unterbewusstsein ein. Ich fühle mich zutiefst verbunden mit dieser leichten, wärmenden, erlösenden, hellen, klaren Frequenz der Narwale, die weit in die unsichtbaren Welten hineinreicht.

Meditation mit dem Narwal:

Nimm dir etwas Zeit. Atme einige Male tief durch, und schließe deine Augen. Spüre, wo genau in deinem Körper du dich befindest. Richte dich auf deine Mitte aus. Spüre in deine Körperhaltung hinein, und prüfe, ob der Strom des Universums so gut durch dich hindurchfließen kann, wenn nicht, korrigiere deine Körperhaltung.

Atme zum Scheitel ein und zur Mitte aus.

Atme zu den Fußsolen ein und zur Mitte aus. (3x)

Mit jedem einzelnen Atemzug wirst du ruhiger und ruhiger, und deine Gedanken ziehen sich zurück und geben Raum frei, Raum für etwas Neues und Schönes.

Spüre, wie du sitzt oder liegst.

Fühle, wie die Luft ein- und ausströmt. Mit jedem Atemzug entspannst du dich mehr und mehr. Spüre, wie sich ein angenehmes, wohliges, entspannendes Gefühl ausbreitet von deinen Füßen über deine Knie hinauf zu deinen Hüften, über deine Schulterblätter und weiter. Du fühlst, wie du immer tiefer und tiefer in dich hineinsinkst.

Du fühlst, wie du immer kraftvoller, klarer und heller wirst. Du sinkst nun in den Raum deines Herzens.

Wenn du möchtest, lege nun deine Hände auf dein Herz.

Fühle deine fünfte Kammer im Herzen, den Sitz deiner Göttlichkeit.

Du bewegst dich tiefer in den inneren Raum hinein. Vor dir öffnet sich ein Weg, und während du diesen Weg entlanggehst, öffnest du deine inneren Sinne.

Der Weg führt dich ans Meer. Du wartest einen Moment und rufst im Geiste den Narwal.

In der Ferne taucht er auf und kommt näher. Du kannst ihn nach seinem Namen fragen.

Er berührt dich mit seinem Horn, und du fühlst, wie du in einem Tunnel aus Licht in ihn hineingezogen wirst. Es ist warm und geborgen. Du kannst durch die Augen des Narwals schauen. Du hörst und fühlst mit seinen Sinnen und Antennen, und du spürst, wie fein, weit und hell diese sind. Der Narwal führt dich in die Tiefe des ewigen Eises. Er hält an einer Stelle und berührt diese mit seinem Horn. Wieder wirst du durch das Horn in einer leichten, lichtvollen Drehbewegung in eine alte Erinnerung getragen. Du kommst in dieser Erinnerung deiner Seele an. Erlaube, dass diese Erinnerung vollständig auftaucht.

Du spürst dich, schaust dich um, schaust an deinen Füßen herauf. Was trägst du? Wie ist die Umgebung? In welcher Zeit befindest du dich? Was passiert um dich herum? Wer ist noch dort? Erlaube, dass diese ganze Szene aufsteigt, in dem Bewusstsein, dass die Seele des Narwals dich umhüllt und trägt. Diesmal kann dir nichts passieren. Erlaube, dass alle alten Gefühle aufsteigen. Wie fühlst du dich? (Traurig, enttäuscht, hilflos, ohnmächtig, zornig, wütend, …)

Du bist jetzt zurückgekehrt, um diese alte Situation, die nur noch in dir gespeichert, aber längst vergangen ist, zu bereinigen und zu erlösen. Nun beginnst du mit der Erlösungsarbeit. Der Hohe Rat der Narwale ist bei dir. Ein oder mehrere weise Hüter/innen des alten Wissens begleiten dich. Wer ist noch dort? Was war passiert? Erlaube, dass alles vollständig in deiner Seele aufsteigt. Erlaube, dass sich die alten Schocks lösen. Schau dir den ganzen Film bis zu Ende an, und drehe dich dann vom Ende bis zum Anfang durch die Szenen zurück. Alle beteiligten Personen von damals kommen zusammen, und nun wird erlöst, befreit, hingeschaut und gewandelt, bis sich alles leicht, frei und hell anfühlt. Seelen werden angehört und ins Licht zurückgeführt, Fesseln werden

gelöst, Verträge aufgelöst, Gnade und Vergebung fließen.
Lasse dich einfach vom Hohen Rat der Narwale führen. Sie erscheinen manchmal auf der inneren Ebene in ganz weißer Gestalt als helle, hohe, fein strahlende Lichtwesen mit magischen und heilenden Kräften, nicht von dieser Welt.

Wenn du das Gefühl hast, alles ist getan, schaue dich noch einmal um, und bedanke dich beim Hohen Rat der Narwale.

Segne alles, und fühle, dass der Speicher geleert und das gebundene Licht befreit ist.

Wenn alles getan ist, wirst du wieder sanft in einer linksdrehenden spiralförmigen Bewegung in das Innere zurückgezogen, und die Reise geht zurück zum Ausgangspunkt.

Frage, ob du auf der äußeren Ebene noch etwas tun kannst oder beachten sollst. Der Narwal setzt dich sanft am Strand ab, und du begibst dich auf einen Pfad zurück in dein Zentrum. Fühle die Energie jetzt für einen Moment auf der inneren Ebene. Was hat sich verändert?

Atme dich sanft von innen in die äußere Welt zurück.

Der Narwal kann dich durch uralte Schulungsräume tragen. Dies geschah bei mir immer während der Nacht- und Traumzeit. Der Narwal trägt für mich eine ganz besondere Magie. Ich bin glücklich, mit dieser Energie auf der inneren Ebene verbunden worden zu sein.

Möge Heilung in der Tiefe geschehen. Mögen wir alte Erinnerungen erlösen, sodass die ursprüngliche Matrix wieder leuchten und uns auch in den Tiefen des Lebens tragen kann. Mögen wir altes Wissen und freie Energie dazu verwenden, um Energie in den Ursprung zu wandeln.

Viel Segen, Jeanne Ruland

Einhörner und Delfine

*E*ine unsichtbare und untrennbare Herzverbindung besteht zwischen Einhörnern und Delfinen.

Obwohl die Elemente und Welten diese Wesen trennen, besteht eine innige Berührung durch die Verbindung ihrer Herzen.

Die Delfine unterstützen uns gemeinsam mit den Einhörnern dabei, unsere Ziele mühelos zu erreichen und auch in wichtigen Phasen der Weiterentwicklung den Dimensionssprung zu wagen. Du kannst mit ihnen auf dem Strom der Energien gleiten.

Delfine haben eine holographische Sichtweise und können dir helfen, deine Lebenssituationen aus ganzheitlicher Sicht zu betrachten.

Gemeinsam mit den Einhörnern stärken sie dein Urvertrauen.

Das Spannende in einer Delfingruppe ist, dass kein Mitglied jemals aus der Gruppe ausgeschlossen wird und sie den Rollentausch spielerisch immer wieder vornehmen.

Es ist für unsere Seelen sehr heilend, dies zu erfahren, denn jeder von uns hat schon einmal die Situation erlebt, ausgeschlossen zu werden oder unfreiwillig in eine Rolle zu geraten, die man gar nicht leben und tragen möchte.

Die Delfine laden dich jetzt dazu ein, die Rollen, die dich einengen, loszulassen, um dich neu in ihnen oder in anderen zu finden.

Deine Melanie Missing und deine Anne-Mareike Schultz

Übung/Meditation:
Rollen freigeben

Tauche ab in deine Tiefen, damit du auftanken und ausruhen kannst. Lasse los, und entspanne dich. In der Entspannung lösen sich die Dinge auf wundervolle Weise.

Die Delfine heißen dich in ihrer Gruppe willkommen. Du spürst, wie es ist, dazuzugehören und in diese Gruppe aufgenommen zu werden.

Sie teilen mit dir das Gefühl, dass du mit ihnen in diesem Moment unauflösbar verbunden bist, dass du ein Teil des Ganzen und doch als Individuum unschätzbar wertvoll und einzigartig bist.

Diese Verbundenheit mit jedem einzelnen Delfin erweckt in dir ein Gefühl der Grenzenlosigkeit, des Freiseins und der Zeitlosigkeit. Du tauchst ein ins Ozeanische Bewusstsein. Du wirst auf der Welle der Liebe im Ozean des Seins getragen und versorgt.

Entspanne dich, fühle den Strom der ewig fließenden Energie, und lasse dich von ihr tragen.

Du spürst, wie du in ein Feld der unbegrenzten Möglichkeiten eintauchst, das aus ununterbrochener, frei fließender, pulsierender Lebensenergie besteht.

Lausche, sieh, spüre und erlebe, wie es ist, auf der Welle der Liebe im Ozean des Seins getragen zu werden.

Du siehst und nimmst wahr, dass in der Delfingruppe um dich herum jeder einzelne Delfin bewusst und mit Begeisterung eine Rolle übernimmt. Du nimmst auch wahr, wie diese Rollen wieder freigegeben werden, wenn sie nicht mehr passen, zu viel werden oder sich neue Möglichkeiten auftun.

Die Gruppe nimmt diese Entscheidung liebevoll an, denn jeder Delfin übernimmt nur die Rolle, die er wirklich möchte, und nicht die, die man ihm überstülpt.

Du spürst in dir, dass dein Sein größer ist als deine Rolle. Rollen spielen wir, um dem großen Ganzen zu dienen. Du bist mehr als die Rolle, die du spielst.

Vor deinem inneren Auge siehst du, welche Rollen das sind! Welche Rollen spielst du in deinem Leben? Mutter, Tochter, Vater, Sohn, Chef, Clown, beleidigt sein, alles können müssen, keine Fehler machen, immer gut gelaunt sein, …

Welche Rollen engen dich ein? In welchen Rollen fühlst du dich wohl? Welche Rollen sind dir nicht mehr dienlich und können abgelegt werden?

Jetzt wird es Zeit, die Rollen abzustreifen, die du nicht mehr brauchst. In dem Moment, in dem du Rollen freigibst, gibst du deiner Gemeinschaft die Chance, sich neu auszurichten und Rollen neu zu besetzen.

Löse dich für diesen Moment aus allen Rollen. Merkst du, wie viele Rollen du täglich spielst?

Wer ist das Wesen hinter all diesen Rollen? Wie viel Raum gibst du deinem wahren Sein? Atme hinein, gib dir jetzt diesen Raum.

Werde mit jedem Atemzug größer und strahlender. Es ist jetzt die Zeit gekommen, ganz du selbst zu sein. Streife alle Rollen ab, die du nicht mehr brauchst und die du nicht mehr tragen möchtest. Spüre, wie das klare türkisfarbene Wasser alle Rollen von dir abspült und von dir nimmt.

Welche Rolle möchtest du in welchem Maße in deinem Leben spielen? Was ist deine Traumrolle?

Die Delfine fordern dich auf, zu spielen, dich zu erproben, die Rollen bewusst zu wechseln und zu schauen, was du an Liebe und Freude einbringen kannst, damit es dir und allen anderen gut geht.

Lasse dein wahres Wesen mehr und mehr erstrahlen, hinter allen Rollen. Du bist frei, zu wählen.

Spüre die zärtliche Verbundenheit der Delfine, wie sie dich in ihre Mitte nehmen und dich ansehen. Sie sehen dich mit ihren Herzen und ermutigen dich dazu, alle alten und nicht mehr notwendigen Rollen nun hinter dir zu lassen. Du spürst, wie dein Inneres durch ihren Blick berührt wird. Wie eine Blüte darf dein Inneres nun erblühen, wachsen, sich entfalten und duften. Die Delfine helfen dir durch ihren Blick, dich selbst zu sehen, neu wahrzunehmen und zu zeigen. In dir wird die Fähigkeit belebt, mit dir selbst wieder in Kontakt zu treten und mit deinem Herzen offen zu kommunizieren.

Alle alten Erinnerungen und Verstrickungen in alte Rollen kannst du mit kräftigen Schwimmzügen nun aus dir lösen. Tauche ab, nimm Anlauf und mit jedem Sprung der Delfine kannst du all dies nun aus dir lösen.

Dies ist nun deine Möglichkeit, all diese Rollen aus deinen Zellen zu lösen, dich voll und ganz aus alten Rollen zu befreien, Platz zu machen und dir selbst die Chance zu geben, deine neuen Rollen spielerisch einzunehmen und auszutesten.

Lasse dich auf der Welle der Liebe im Ozean des Seins tragen. Verweile noch einen Moment.

Tauche ein, tauche ab, tauche auf, und wage neue Sprünge.

Atme tief ein und wieder aus, komme langsam wieder an.

Deine Melanie Missing und deine Anne-Mareike Schultz

Almaricorn,

das Meereinhorn

*M*it dem tiefen Eintauchen in die 5. Dimension und die ihrer Vergegenwärtigung begegnen uns immer mehr Lichtwesen, von deren Existenz wir zuvor noch nichts oder nur wenig wussten.

Eine sehr spannende Begegnung ergab sich, nachdem ich mich mit der Energie der 5. Dimension in einer Meditation mit dem Almaricorn verbunden hatte.

Das Almaricorn ist ein ganz unglaubliches Lichtwesen der Meere, ein geflügeltes Meereinhorn, wie ein Pegasus mit Fischschwanz. Man sagt, ihm oblägen ganz besondere Fähigkeiten und Heilkräfte und dass es sehr weise sei. Das Almaricorn ist der persönliche Berater des Meeresgottes.

Wenn die Meerjungfrauen, die Töchter des Meeresgottes, geboren werden, wacht das Almaricorn vor ihrer Geburtsmuschel und empfängt sie im Ozean.

Die Muschel ist wie unser Herz, sie kann nur von innen nach außen geöffnet werden. Die Meerjungfrauen symbolisieren unser wahres Sein. Wenn sie in der Muschel geboren werden, öffnen sie sie langsam von innen heraus und ihr wahres Sein kann geboren werden. Die Muschel ist wie ein schützender Kokon, der zugleich dazu dient, sich darin zurückzuziehen und weiter in ihm zu wachsen. Das Almaricorn fungiert bei der Geburt unseres wahren Seins als Hebamme: Es hilft unserem wahren Wesen, in neuem Licht geboren zu werden.

Ebenso ist das Almaricorn der Hüter des magischen Wissens der Meere und somit auch ein Helfer und Ratgeber in allen Fragen rund um das Neue Bewusstsein.

Besonders in Vollmondnächten zeigt es sich und nimmt uns mit auf seine Reise, um mit uns seinen Wissensschatz, die Magie der Meere zu teilen.

Erlebnis von Anne-Mareike Schultz auf einer Traumreise

»Als ich mich während einer Traumreise mit den Meerjungfrauen verbunden habe, da kam eine von ihnen auf einem Meereinhorn mit Delfinfloß angeritten. Ich schaute dieses Lichtwesen ganz ungläubig an, denn ich konnte mich nicht daran erinnern, so ein Tier schon einmal wahrgenommen zu haben, und doch erschien es mir ganz vertraut. Wir reisten gemeinsam durch die Meere und ich sah, wie eine Sternschnuppe vom Himmel direkt in meinen Schoß fiel. Die Meerjungfrau flüsterte mir ins Ohr, dass in der Verbindung mit ihr und dem Meereinhorn Herzenswünsche in Erfüllung gehen könnten.«

Einhörner und Meerjungfrauen

*D*ie Einhörner zeigen uns den Weg zu den Meerjungfrauen, den Lichtwesen der Meere, und öffnen für uns die feinstofflichen Tore. Die Meerjungfrauen begleiten uns in andere Welten wie die versunkenen Städte.

Einige von ihnen haben sich bewusst dazu entschieden, uns auf unserem Weg zu begleiten. Sie nehmen uns an die Hand, um uns an unsere Träume, unsere Visionskraft und unsere Sinnlichkeit zu erinnern. Sie tauchen mit uns in die tiefsten Tiefen unseres Seins, um gemeinsam die verborgenen Schätze in uns an die Oberfläche zu bringen.

Die verborgenen Schätze, das sind Perlen der Weisheit, die sich noch verschlossen in Muscheln befinden.

Die Meerjungfrauen bergen diese aus den Tiefen und bringen sie liebevoll in unser Bewusstsein. Dann bitten sie die Einhörner, die Muscheln mit ihren Lichthörnern zu berühren. Das goldene Einhornlicht öffnet sie, die Meerjungfrauen nehmen die wertvollen Perlen heraus und verbinden sie mit unserer Silberschnur. Auf diese Weise kann sich die Information bzw. das Bewusstsein, das die Perle trägt, in uns entfalten.

Indem die Einhörner die Perle segnen, aktivieren sie den Informationsfluss, der nun zu uns strömen kann. So sammeln wir in dieser Inkarnation viele Perlen, die die Meerjungfrauen alle einzeln mit unserer Silberschnur verweben. Nach unserer Heimkehr in die himmlischen Reiche können wir sie als Kette tragen, wenn wir es möchten.

In der Geistigen Welt sind diese ein Erkennungszeichen dafür, dass wir den Erdenweg gegangen sind und eine Weiterentwicklung unserer Seele erfahren haben. Dafür schenken uns alle anderen Wesen große Achtung. Aus diesem Grund sind Perlenketten etwas ganz besonderes. Spüre auch du die Kraft deiner Perlenkette an deiner Silberschnur.

Lemurien

*L*emurien ist das Land der göttlichen Schönheit, ein gesegnetes Land, das uns wieder mit der Schwingung der Kristalle verbindet.

Lemurien befand sich einst in dem Gebiet, das wir heute als Pazifischen Ozean kennen. In Lemurien haben die Einhörner Hand in Hand mit Menschen, anderen Lichtwesen und Reichen gewirkt. Die Einhörner begleiten dich gerne nach Lemurien, um dich an diese Verbindung und an die anderen Reiche zu erinnern. In dieser besonderen Energie kannst du die Ewigkeit erfahren.

Wenn du dich mit der Energie von Lemurien verbindest, kann dein Sichtfeld weit über dieses Dasein hinaus in ein Feld unbegrenzter Möglichkeiten blicken.

Die Einhörner Lemuriens schenken dir einen liebenden Herzensblick, der dir zeigt, wie du allein durch Augenkontakt eine tiefe, wertfreie Verbindung zu allen Wesen erhalten kannst.

Lemurien eröffnet dir die Weisheiten der Natur, und die Einhörner lehren dich das Kristallwissen dieser Zeit.

Viele von uns spüren diese tiefe Verbindung in die lemurische Zeit und Energie. Es ist eine Erinnerung an die göttliche Zeit in Lemurien, in der wir uns unendlich glücklich und frei gefühlt haben und jeder sich nach seinem Glauben, seinen Fähigkeiten und Talenten entwickeln konnte.

In Lemurien war es ganz normal, dass jeder das tat, was er am besten konnte und auf diese Weise für sich selbst wirkte. Dies ist einer der Gründe, warum sich so viele Seelen von den alten Strukturen befreien wollen und Wege suchen und finden, mit dem, was in ihnen ist, eine eigene Existenz aufzubauen, d.h. mit ihren eigenen Talenten und Fähigkeiten sie selbst zu sein.

Die Einhörner unterstützen uns tatkräftig dabei, Erfüllung durch unsere Talente und Fähigkeiten zu erlangen, auch wenn dies nicht immer bedeuten muss, sich selbstständig zu machen.

Unsere Seele empfindet es genauso erfüllend, wenn wir unsere Talente und Fähigkeiten in Gemeinschaften einbringen können und sie zum Wohle aller einsetzen. Dafür ist es sehr wichtig, zu verstehen, dass du immer zur richtigen Zeit am richtigen Ort bist und genau das Richtige tust. Sobald dein Licht an einem anderen Ort benötigt wird, wirst du den Ruf ceutlich spüren können.

Einhörner und Delfine wurden in Lemurien sehr verehrt. In Begleitung dieser Wesen wirst du den Zugang zur Parallelwelt von Lemurien leicht erlangen.

Ich selbst habe einen tiefen Zugang zu Lemurien durch die Einhörner und Lady Portia erhalten. Letztere war einst eine der Hohepriesterinnen im Tempel der großen Göttin.

Begib dich mit der folgenden kleinen Reise in den Kristalltempel Lemuriens:

Stelle dir vor, wie du von einem Einhorn aus dem Hier und Jetzt abgeholt und zu einem wunderschönen Tempel getragen wirst. Am Eingang des Tempels erwartet dich bereits die Hohepriesterin Lady Portia und begrüßt dich herzlich.

Sie lädt dich ein, ihr zur folgen. Ihr schreitet durch ein Tor hinein in den Kristalltempel. In seiner Mitte lodert eine große violette Flamme mit silberner Aura. Die Energie, die du spürst, ist unbeschreiblich …

Die Hohepriesterin nimmt dich an die Hand und führt dich direkt in das violette Licht hinein. Das Licht strömt durch dich hindurch. Du erlebst eine Reinigung, Klärung und Läuterung all der Körper, in denen du jemals auf Erden inkarniert warst. Die Flamme lodert in dunklem

Violett und verbrennt die negativen Emotionen aller Zeiten … Nun wandelt sich das Licht, es wird heller, und es werden alle Gefühle, alle Gedanken, die dich blockieren und dir nicht guttun, aufgelöst.

Lasse alle Bilder und Gefühle an dir vorbeiziehen, während die Flamme immer heller wird, bis sie ganz hellviolet ist. Der Prozess der Reinigung ist nun abgeschlossen.

Die Hohepriesterin reicht dir ihre Hand, führt dich heraus, durch einen Gang und hinein in einen großen Saal, in dem sich ein großer lemurischer Kristall befindet. Du setzt dich gemeinsam mit der Hohepriesterin mit dem Rücken an den Kristall. Du schließt die Augen und eine wunderschöne Stimme erklingt: »Parientalo, parientalo, miramei, miramei«, die große Göttin spricht zu dir.

»Geliebtes Wesen, sei willkommen in Lemurien zu deiner Einweihung in die neue Energie, in die neue Kraft, die dein Sein tragen wird. Du konntest die Herausforderungen und Prüfungen der vergangenen Zeit bestimmt sehr deutlich spüren, auch wenn sie dir nicht bewusst oder die Zusammenhänge für dich nicht erkennbar waren. Du bist hier, da die Hohepriesterin dich zu mir gebracht hat, und dies bedeutet, dass du bereit bist für die Einweihung in dein altes Kristallwissen.

Die Reinigung war ein wichtiger Bestandteil dessen. Spürst du die Energie, die durch den Kristall an deiner Wirbelsäule entlangfließt? Das ist die Aktivierung der Erinnerung. Die Energie fließt jetzt von dort aus durch dein gesamtes Energie- und Körpersystem und löst jene Energien ab, die dir nicht mehr dienlich sind. Dadurch wird der Zugang zu neuen Kräften bereitet. Es könnte sein, dass du nun genau spürst, dass an dir gearbeitet wird oder dass du siehst, dass etwas aus dir entfernt wird. Es könnte ein Stück Metall sein, oder du erhältst einen Schlüssel, um etwas Verschlossenes zu öffnen. In welcher Form auch immer sich dir dieser Moment zeigen wird, gib dich der Energie für einen Moment hin und lasse geschehen, was geschehen darf und soll …

Verbinde dich mit der Energie der Kristallkraft. Sie stärkt deine Intuition.«

Die Hohepriesterin tritt nun in Begleitung der anderen Hohepriesterinnen und Priester des Tempels der großen Göttin zu dir. Jeder von ihnen trägt ein anderes Kristallwissen, eine Kristallfrequenz, in sich und in seinen Händen. Die Priesterinnen und Priester berühren jetzt mit ihrer Kristallschwingung deine Aura.

Ein Hohepriester tritt vor. Eure Augen treffen sich. Er sieht dich mit liebevollem Blick an und du spürst ein vertrautes, wertschätzendes Miteinander auf Augenhöhe. Mit einer achtsamen und sanften Berührung löst er alle alten Bilder und Verletzungen aus Partnerschaften und Beziehungen aus deinem Energiesystem.

Spüre, wie du mit dem nächsten tiefen Atemzug alles loslassen kannst. In dir entsteht ein neues Bild der ursprünglich liebevollen Verbindung auf allen Ebenen zwischen Mann und Frau.

Dieses ursprüngliche, liebevolle Beziehungsmuster wird jetzt in dir aktiviert, dein Resonanzfeld beginnt zu schwingen. In diesem Moment berührt es das Licht deines dir bestimmten Seelenpartners.

Nun legen sie dir einen lemurischen Kristall in deine Hand. Dieser ist mit all den wunderbaren Erfahrungen gefüllt, die dir heute zuteilwurden, doch auch das Kristallwissen der alten Zeiten ist in ihm gespeichert. Dieses Wissen wird nun vom Kristall auf dich übertragen. Du spürst, wie über deine Handchakren so viele Informationen in dich hineinfließen, wie du möchtest. Diese Informationen werden nun in deinem System verankert und gespeichert. Du spürst, wie du leuchtender, heller, strahlender wirst.

Deine Aura trägt jetzt einen silbernen Schein, der dich schützend wie ein Rüstung einhüllt. Das silberne Licht wird dich auch in den nächsten Tagen vor negativen Einflüssen von außen schützen.

Die Hohepriesterin und das Einhorn stehen ganz nah an deiner Seite – es ist Zeit, sich zu verabschieden. Du bedankst dich bei der großen Göttin, bei den Engeln und Einhörnern Lemuriens und den Priesterinnen und Priestern.

Die Hohepriesterin nimmt deine Hand und führt dich gemeinsam mit dem Einhorn aus dem Tempel hinaus, durch den Gang, hinein in die Halle, wo noch immer das silber-violette Licht lodert, und durch das Tor des Tempels hinaus.

Verabschiede dich von der Hohepriesterin. Sie nimmt dich dazu herzlich in den Arm.

Das Einhorn trägt dich nun zurück durch Raum und Zeit zu deinem Ausgangspunkt. Verabschiede dich von dem Einhorn. Es verbeugt sich vor dir und berührt mit seinem Lichthorn dein Herz.

Transformierende Reinigungsübung für die Gewässer dieser Erde

Stelle dir vor, du stehst an einem wunderschönen, mit blühenden Seerosen bewachsenen See. Ein Einhorn steht an deiner Seite und lädt dich ein, dich an das Ufer des Sees zu setzen und deine Füße in das Wasser zu halten. Es bittet dich, Wurzeln aus deinen Fußsohlen heraus in das Wasser hineinwachsen zu lassen.

Das Einhorn sagt zu dir: »Ich reinige alle Gewässer von Verunreinigungen jeglicher Art, hilf mir doch dabei.« Du nimmst die Einladung an, setzt dich an das Ufer, hältst deine Füße in das Wasser und lässt Wurzeln aus deinen Füßen in den See hineinwachsen.

Das Einhorn spricht weiter: »Sende das violette Licht der Reinigung und Transformation von deinen Wurzeln aus in alle Gewässer dieser

Erde. Lenke es mit der Kraft deiner Gedanken durch die Flüsse, Seen und Meere. Sieh, wie das violette Licht reinigt und transformiert. Ich richte zusätzlich mein Lichthorn in den See und übertrage die reinigende Einhornenergie.«

Spüre, wie deine Füße mächtig zu kribbeln beginnen und wie du gemeinsam mit dem Einhorn reinigst und transformierst.

Nimm dir so viel Zeit, wie du benötigst.

Sende das violette Licht mit der Kraft deiner Gedanken durch alle Flüsse, Seen und Meere …

Diese Reinigung hat auch dir gut getan, und so stehst du erfrischt wieder auf und verabschiedest dich von den Tieren des Wassers und dem Einhorn.

Tipp:

Diese Übung kann man wundervoll während eines Bades in der Badewanne oder auch während eines Fußbades durchführen.

Die 5. Dimension

*W*ir befinden uns im Übergang von der 4. in die 5. Dimension. Wir erwachen in unserer ursprünglichen Schöpfermatrix. Um diesen Übergang und den Prozess des Erwachens zu unterstützen, helfen uns die Einhörner.

Wann immer du das Gefühl hast, aus deiner Mitte zu rutschen oder dich zwischen zwei Ebenen zu befinden, verbinde dich mit der Energie der 5. Dimension. Die Energie hilft dir, dich wieder auszurichten, um mit den höheren Ebenen kommunizieren zu können. Dein höheres Selbst ist bereits mit der 5. Dimension verbunden und du kannst mit dieser verschmelzen.

Im Alltag kann sich der Übergang von der einen zur anderen Ebene abrupt anfühlen, dann rufe die Energie der 5. Dimension an und bitte sie, sich in deinen Räumen zu manifestieren. Fühle die Harmonie und den Einklang in dir, wenn du von dieser Energie umgeben bist.

Gerade in letzter Zeit, in der wir uns alle mehr mit den Energien der höheren Ebenen beschäftigen, in einer Zeit, in der sich unser Bewusstsein auf sie ausrichtet, ist mir aufgefallen, dass wir stärker mit Themen und Situationen konfrontiert werden, von denen wir eigentlich dachten, dass sie schon längst aufgelöst seien.

Ich dachte oft: »Warum zeigt sich das jetzt noch einmal?«, und bekam die Erklärung, dass wir geistig sehr viel an unserem Lichtkörper, unserem Energiesystem, gearbeitet hätten. Doch da wir diese geistige Entwicklung in einem menschlichen Körper machten, der sich ebenfalls transformiere und mit uns aufsteige, melde sich nun, beim Übergang in die nächste Dimension, die Zellerinnerung auch in diesem.

Die Speicherungen befinden sich z.B. noch in den Organen, und in der Ausrichtung auf die höhere Ebene macht sich dies dann bemerkbar. Es kann sein, dass sich die Transformation nur kurzzeitig durch einen Schmerz, durch Schnupfen, Halsweh oder Ähnliches bemerkbar macht und bald wieder geht. Wenn das Thema auf der körperlichen Ebene hartnäckig erscheint, gibt es viele gute Möglichkeiten, mit der Hilfe eines Heilpraktikers oder Therapeuten näher hinzuschauen, wie z.B. die Kinesiologie, die Bioresonanz oder Time-Weaver-Untersuchungen.

Die Einhörner und Engel können hierbei als Mittler fungieren und uns zu den richtigen Kontakten und Personen führen. Bitte sie einfach darum, wenn du das Gefühl hast, Unterstützung zu brauchen.

Auch innerhalb des Energiesystems dürfen die Chakren eine Ausrichtung auf die Energie der 5. Dimension erfahren.

Hierzu laden dich jetzt die Kristalleinhörner ein:

Atme einige Male tief durch, und schließe deine Augen. Spüre, an welcher Stelle in deinem Körper du dich gerade befindest.

Atme ruhig und entspannt, und werde immer ruhiger. Deine Gedanken ziehen sich zurück und geben den Raum frei, Raum für etwas Neues und Schönes.

Du kannst dir eine Tasche oder Box vorstellen, die direkt neben dir steht. In diese Tasche oder Box kannst du all deine Gedanken hineinlegen. Alles, woran du noch denken musst, was du noch erledigen musst. Diese Gedanken sind nicht verloren, sie stehen dir jederzeit zur Verfügung. Lege sie ruhig hinein und genieße diese Reise, denn dies ist deine Zeit.

Spüre jetzt, wie jede Anspannung von dir abfällt und jeder einzelne Muskel loslässt. Fühle deine Körperhaltung, und lenke deine Aufmerksamkeit auf deinen Atem.

Spüre, wie die Atemluft in deinen Körper herein- und hinausströmt. Mit jedem einzelnen Atemzug entspannst du dich mehr. Spüre, wie sich ein angenehmes, wohliges, entspanntes Gefühl von deinen Füßen über deine Knie und deine Hüften, bis zu deinen Schulterblättern, hinauf in deinen Nacken und hinunter zu deinen Armen ausbreitet.

Du fühlst, wie du immer tiefer und tiefer in dich hineinsinkst. Mit jedem Atemstoß atmest du mögliche Widerstände und Anspannungen aus, und mit jedem Atemzug atmest du klare, reine, leuchtende Energie und Entspannung ein.

Du fühlst, wie du immer kraftvoller, klarer und heller wirst, mit jedem einzelnen Atemzug ein bisschen mehr. Du sinkst immer tiefer und tiefer in den Raum deines Herzens. Lasse alle Erwartungen los, und begegne dir selbst hier und jetzt.

Wenn du möchtest, lege nun deine Hände auf dein Herz. Fühle die fünfte Kammer in deinem Herzen, den Sitz deiner Göttlichkeit. Mit jedem einzelnen Atemzug kommst du tiefer und tiefer an einen Ort der Ruhe, an dem du beschützt und wohlbehütet bist.

Du spürst, wie du mit deinen inneren Augen sehen und mit deinem sensiblen Gespür wahrnehmen kannst. Komme nun mit jedem Atemzug an deinem inneren Ort der Ruhe, tief in dir, an. Der innere Ort der Ruhe ist dein Garten Eden. Vor dir ebnet sich ein Weg, der dich in deinen Garten Eden führt. In ihm bist du vollkommen sicher und geborgen.

Du spürst, wie du in deine Mitte, in dein Zentrum, gezogen wirst. Es fühlt sich an wie ein müheloses Gleiten. Gehe jetzt wieder ganz bewusst in deine Mitte, ganz in dein inneres Zentrum hinein. Dort angekommen spürst du, dass dein Körper sich verbindet und wohlfühlt.

Erde dich auf deine Art oder lasse Wurzeln aus deinen Fußsohlen herauswachsen, die dich mit Mutter Erde verbinden. Je geerdeter du bist, desto einfacher ist es, die Energien der höheren Dimensionen zu erfahren und zu empfangen.

Lasse deine Sinne schweifen. Aus dem Augenwinkel erkennst du eine Energiekugel, einen Orb aus der 5. Dimension, der zu dir heruntertanzt. Aus diesem Orb heraus schaut dich ein Einhorn mit seinem liebenden Blick an. In dem Moment, in dem sich eure Blicke treffen, hast du das Gefühl, das Universum halte für eine Sekunde still. Das Einhorn tritt aus dem Orb heraus und steht nun in voller Pracht vor dir.

Es ist ein Kristalleinhorn, das zu dir gekommen ist, um dein gesamtes Chakrensystem in die Schwingung der 5. Dimension zu versetzen. Es selbst besitzt eine wunderschöne und magische Schwingung. In seiner Umgebung fühlst du dich geborgen und getragen. Wenn du möchtest, strecke deine Hände zu ihm aus und berühre es. Fahre mit deinen Händen über die warmen und samtigen Nüstern, und spüre den Atem des Einhorns. Berühre seine Mähne und fühle, wie sie wie Seide durch deine Finger gleitet. Du spürst, wie dich ein zarter Windhauch umgibt, der lieblich duftet. Atme tief ein und aus, und spüre, wie du dich immer geborgener und beschützter fühlst. Das Einhorn flüstert dir ins Ohr: »Bist du bereit, die Schwingung der 5. Dimension zu erfahren?«

Es bittet dich, es dir ganz bequem zu machen, und du siehst, wie Sonnenlicht auf sein wunderschönes Kristallhorn fällt, das funkelt und strahlt. Das Einhorn möchte jedes einzelne deiner Chakren berühren. Du spürst, wie es sich neben dich legt und sein Lichthorn in die Höhe streckt, denn es umwirbelt dich eine einzigartige Energiewelle. Diese sendet es nun an dein außerkörperliches Chakra, den Erdstern, der sich etwa 15 cm unter deinen Füssen befindet. Zusammen mit deinen beiden Fußchakren bildet es ein Dreieck, einen Anker, der dich erdet. Du spürst, wie dein Halt fester wird, wie sich die Chakren ausdehnen und sich auf die Schwingung der 5. Dimension ausrichten.

Das Einhorn legt sein Lichthorn, das in zartem, hellrotem Licht erstrahlt, sanft auf dein Wurzelchakra. Du spürst, wie die Schwingung der 5. Dimension dein Chakra ausrichtet, aufbaut und energetisiert und wie sich dein Wurzelchakra wie eine pulsierende Welle in alle Richtungen ausbreitet und heller und strahlender wird. Du kannst fühlen, wie deine ursprüngliche Schöpfermatrix in deinem Wurzelchakra erwacht.

Das Einhorn streichelt deine Aura mit seinem Blick. Es sendet mit seinem Lichthorn einen orangefarbenen Lichtstrahl zu deinem Sakralchakra. Dieser Lichtstrahl verbindet sich mit dir, und dein Chakra fängt an zu leuchten und sich auszurichten. Auch jetzt spürst du, wie sich eine pulsierende Welle in alle Richtungen ausdehnt und dein Chakra heller, leuchtender und strahlender wird.

Das Einhorn nähert sich jetzt deinem Solarplexus und sendet ein zartgelbes Licht in dieses Chakra hinein. Du erlebst, wie sich dieses Chakra anhand deiner ursprünglichen Schöpfermatrix ausrichtet und durch die Schwingung der 5. Dimension funkelnder, energetisierter und heller wird. Du spürst, wie sich das Chakra augenblicklich erwärmt, dich immer mehr entspannt und es sich wie eine pulsierende Welle in alle Richtungen ausbreitet.

Das Einhorn zwinkert dir liebevoll zu und sendet einen kräftigen, zartgrünen Lichtstrahl in dein Herzchakra, der dich eine Welle der Liebe spüren lässt. Du erlebst, wie sich das Chakra ausbreitet und immer größer und glänzender wird.

Das Einhorn berührt dich nun sanft mit einem wunderschönen blauen Lichtstrahl an deinem Kehlchakra, das augenblicklich in Schwingung versetzt wird – deine innere Stimme kann sich auf diese Weise optimal mit der Schwingung der 5. Dimension verbinden. Du spürst, wie sich eine warme, kribbelnde Welle in deinem Hals ausbreitet. Dein Hals wird weit und frei und du spürst, wie du dich an der ursprünglichen Schöpfermatrix ausrichtest.

Nun berührt das Einhorn mit einem violetten Lichtstrahl ganz sanft und zärtlich dein Drittes Auge. Du spürst, wie deine Innenschau sofort klarer wird und du die Verbindung zur höheren Dimension viel klarer erkennen kannst. Du erlebst, wie sich das Chakra wellenförmig pulsierend ausbreitet, größer, heller und strahlender wird.

Du spürst, wie das Einhorn nun dein Kronenchakra mit einem weißen, kraftvollen Lichtstrahl berührt. Du spürst, wie es in der Mitte deines Kopfes zu kribbeln beginnt und dein Chakra strahlt. Du nimmst nun eine klare Verbindung zu den anderen Chakren wahr. Es ist, als wären sie zu einem großen Energieball geworden, der deinen Körper ausfüllt und dich zum Leuchten bringt. Du spürst, dass sich dein gesamter Körper auf die ursprüngliche Schöpfermatrix ausgerichtet hat.

Das Einhorn steht nun auf und berührt von hinten mit einem rosa Lichtstrahl dein Polaritätschakra, das sich auf gleicher Höhe wie dein Steißbein befindet. Du spürst, wie sich auch dieses Chakra in der neuen Schwingung auflädt, energetisiert, ausrichtet und mit dem Energieball verschmilzt.

Das Einhorn berührt nun mit einem starken magentafarbenen Lichtstrahl dein Harmoniechakra, das sich auf Höhe deines Solarplexus befindet. Eine Welle der Harmonie durchdringt dich, und du spürst, wie friedlich du wirst und wie die Schwingung der neuen Zeit dein Harmoniechakra auflädt.

Das Einhorn berührt dich nun mit einem kräftigen goldenen Lichtstrahl an deinem Wissenschakra zwischen deinen Schulterblättern. Und auch dieses richtet sich nun anhand der ursprünglichen Schöpfermatrix aus und verbindet sich mit der Schwingung der 5. Dimension.

Das Einhorn sendet nun einen weißen Lichtstrahl an deinen Hinterkopf, an dein Kausalchakra, das dich bei der Kommunikation mit der Geistigen Welt unterstützt. Es vermittelt Botschaften aus höheren Dimensionen und es richtet sich nun ebenfalls nach der ursprünglichen Schöpfermatrix aus, strahlt, leuchtet und wird heller. Alle aktivierten Chakren verbinden sich zu einem wundervollen, pulsierenden und hellen Energieball.

Nun sendet das Einhorn über dein Kronenchakra einen magentafarbenen Lichtstrahl in der Schwingung der höheren Dimension zu deinem Seelensternchakra, dem Sitz des höheren Selbst. Du erlebst, wie sich dieses Charka wie eine Lotusblüte öffnet und du dich in einem vollkommenen energetischen Gleichgewicht befindest. Du spürst, dass deine Chakren nun nach der Energie der 5. Dimension ausgerichtet sind....

Das Einhorn lässt nun einen goldenen Lichtstrahl in dein Sternentorchakra, direkt über dem Seelensternchakra, fließen.

Du spürst, wie dein ganzes System nun auf die Schwingung der 5. Dimension ausgerichtet ist und wie diese Lichtschwingung über deine Arme hinunter in deine Hände fließt. Du hältst nun deine Hände mit den Handflächen nach außen vor deine Brust und sendest diese Schwingung in die Gegenwart. Lasse die Schwingung durch dich in die Welt strömen und in alles hineinfließen, womit du sichtbar und unsichtbar verbunden bist.

Lasse sie in alles hineinfließen, in dein Zuhause, in deinen Arbeitsplatz, in deine Familie und Freunde, lasse sie in die Weltenmeere fließen … spüre, wie sich die Schwingung an all diesen Orten erhöht und der 5. Dimension näherkommt.

Du spürst nun, wie sich die Energie wieder zurück in deinen Körper zieht. Du nimmst diesen wieder ganz wahr und erkennst mit deinen inneren Augen deine Körperumrisse nun wieder klar und deutlich. Obwohl du den Energieball nun nicht mehr sehen kannst, sind deine Chakren jetzt auf die 5. Dimension ausgerichtet.

Das Einhorn tritt ganz nah an dich heran und flüstert dir in dein Ohr, dass du es jederzeit rufen kannst, wenn du dich wieder auf diese neue Schwingung ausrichten möchtest. Es legt seinen Kopf in deinen Schoß und ihr genießt gemeinsam noch einen kleinen Moment die Energie und deinen inneren Garten Eden.

Nun ist die Zeit gekommen, ins Hier und Jetzt zurückzukehren. Verabschiede dich von dem Einhorn, das in seinen Orb zurückkehrt und wieder zurück in die höheren Dimensionen schwebt.

Mit jedem Atemzug kehrst auch du nun zurück zu dir und kommst ganz tief in deinem Herzen an, das golden erstrahlt.

Du atmest das goldene Licht der Herzensenergie und der 5. Dimension tief in deine Aura hinein. Atme noch einmal tief ein und wieder aus, spüre, wie das goldene Licht dich ganz und gar erfüllt.

Mit jedem einzelnen Atemzug wird dir dein Körper bewusster, bis du ihn schlussendlich wieder vollständig einnimmst. Spüre nach, wo in deinem Körper du dich gerade befindest. Spüre deinen Herzschlag und danke deinem Herzen für das, was es dir gezeigt hat.

Es ist jetzt an der Zeit, wieder im Hier und Jetzt anzukommen.

Atme dich von innen nach außen. Spüre deine Füße und Beine wieder. Bewege deine Hände und Arme.

Du spürst deinen Brustkorb, du kannst tief Atem holen und öffnest deine Augen ...

Deine Melanie Missing und deine Anne-Mareike Schultz

Das goldene
Atlantis

Atlantis – ein großes, göttliches Experiment?

Man sagt, geographisch hätte Atlantis zwischen Europa und Amerika gelegen, in dem Teil, der heute vom Atlantischen Ozean bedeckt wird.

Es gab insgesamt fünf Anläufe dieses göttlichen Experimentes, die jedoch immer wieder von Gott abgebrochen wurden, als er merkte, dass die menschlichen Wesen, sobald sie über einen freien Willen verfügten, immer materieller wurden und sich von der Quelle entfernten.

Wenn wir heute von Atlantis sprechen, dann meinen wir die letzte, die fünfte Phase dieser Zivilisation, die 20 000 Jahre vor Christi Geburt stattfand und ca. 1 500 Jahre andauerte.

Willkommen im goldenen Atlantis!

Das ganze Land wurde gereinigt und mit einer besonders hochschwingenden Energie ausgestattet. Atlantis war von einer Kristallkuppel umgeben, die es in dieser Energie schützen und halten sollte.

In dieser Zeit bewahrten sich die Menschen ihre reine Verbindung zur Quelle. Sie lebten in Frieden und Liebe miteinander und nutzten ihre medialen Fähigkeiten zum Wohle aller.

Durch das hohe Energieniveau, das in Atlantis herrschte, war es den Einhörnern wieder möglich auf der Erde zu leben.

In dieser Zeit wurde die Verbindung der Einhörner zum Ozeanischen Bewusstsein und zu den Wesen des Meeres geprägt, auch ihre große Liebe und Verbindung zu den Töchtern Poseidons, den Meerjungfrauen, stammt aus dieser Zeit, in der sie voller Liebe gemeinsam wirkten.

Es war für die Menschen in dieser Zeit ganz normal, mit den Einhörnern zu kommunizieren und sie um Rat zu fragen.

Emotionale Konflikte in Beziehungen zählten zu den häufigsten Problemen, und noch heute sind die Einhörner für die Menschen die besten Beziehungsberater, da sie ihre Ratschläge und Unterstützung stets mit reiner Liebe geben. Die Einhörner wurden auf diese Weise zu den besten Freunden und Beratern der Menschen. Sie halfen ihnen, ihre reine Liebesschwingung zu bewahren.

Es gab insgesamt zwölf Hohepriester und Hohepriesterinnen, die gemeinsam mit dem Hohen Rat der Einhörner wirkten.

Die Priester in den Tempeln arbeiteten mit Kristallen und Klängen, und die Einhörner unterstützten diese Arbeit mit ihrer jeweiligen Lichtenergie.

Die Energiekuppel über Atlantis wurde das kosmische Herz genannt. Das Herzchakra des kosmischen Herzens befindet sich heute in Glastonbury (England). Es beginnt derzeit wieder langsam, zu erwachen und uns den Zugang zu anderen Welten, unter anderem nach Avalon, zu öffnen, dessen Eingang sich ebenfalls in Glastonbury befindet.

Durch dieses Erwachen wird das kollektive Bewusstseinsniveau erhöht, da sich ein kraftvolles Energiefeld, das sich über den gesamten Planeten Erde erstrecken wird, neu aufbauen kann.

Nachdem Atlantis untergegangen war, erbaute Zeus, der zu Zeiten von Atlantis Hohepriester gewesen war, die große kosmische Pyramide in Tibet, die die Weisheiten von Atlantis enthält.

Der Hohe Rat der Einhörner sowie die Meister und Meisterinnen der Weißen Bruderschaft laden dich ein, dich mit der kosmischen Pyramide zu verbinden. Sie werden dich in Träumen oder in Meditationen dorthin begleiten und dir helfen, dich an dein atlantisches Wissen zu erinnern.

Vielleicht warst auch du zu dieser ganz besonderen Zeit auf der Erde inkarniert?

Rufe dein atlantisches Einhorn in einem Moment der Ruhe zu dir und lasse dich von ihm berühren. Bitte es, dich zu deiner atlantischen Erinnerung, zu deinem »alten Wissen« zurückzubringen.

Das atlantische Einhorn kann dich beim Loslassen vieler alter Themen, die dein Sein noch in sich trägt, unterstützen.

Du kannst es darum bitten, dich mit der Kristallenergie aus seinem Lichthorn zu berühren, um dir dabei zu helfen, dich aus allen alten Verstrickungen und karmischen Themen zu lösen.

Erbitte einen Segen für deinen atlantischen Schmerz

Sieh oder spüre, wie das Einhorn aus seinem Lichthorn einen Lichtfunkenregen des Segens auf dich herunterrieseln lässt, der dich ganz liebevoll dort berührt, wo dein Atlantisschmerz am tiefsten sitzt.

Es wird dir helfen, die schweren Energien von dir zu nehmen, damit du dich leicht und befreit auf die Themen deines jetzigen Lebens konzentrieren kannst. Du wirst sein Wirken ganz sanft, aber dennoch intensiv spüren. Alles geschieht in deinem Tempo, und es wird sich schon bald so anfühlen, als wäre der Schmerz nie dagewesen.

Wenn du möchtest, kannst du die nun folgende Mediation mit dem Hohen Rat der Einhörner zur Auflösung und Rückverbindung an das goldene Atlantis lesen.

162

Meditation

Entspanne dich, und rufe den Hohen Rat der Einhörner zu dir. Bitte ihn darum, dir bei der Transformation deiner atlantischen Themen und Anhaftungen behilflich zu sein.

Sirius vom Hohen Rat der Einhörner steht jetzt direkt vor d r und begrüßt dich mit der vereinten Stimme des Hohen Rates. Er bittet dich, die Augen zu schließen, und die Einhörner beginnen, dich mit ihren Lichthörnern in der Tiefe deines Seins zu berühren. Sirius sagt: »Wir lösen jetzt deine karmischen Verstrickungen, die aus Atlantis kommen, auf. Gib dich dem Moment hin, und sei offen für alles, was sich dir zeigen oder auflösen darf!«

Vielleicht bekommst du Bilder, Visionen, Gefühle oder Erinnerungen gezeigt. Spüre den Moment der Auflösung, und fühle, wie du immer leichter und freier wirst.

Ein weiteres Einhorn steht neben dir und sagt: »Ich bin Xantinus und schenke dir die Erinnerung an unsere Verbindung und unser gemeinsames Wirken.«

Xantinus berührt dich und zeigt dir durch verschiedene Bilder vor deinem inneren Auge, welches Leben du hier in Atlantis geführt hast und wie normal und wunderbar es war, mit den Einhörnern zusammenzuleben. Nimm all das Schöne – und auch das weniger Schöne – wahr, denn hier und jetzt lösen die Einhörner das Vergangene auf. Wenn du das Gefühl hast, dass du jemanden um Verzeihung bitten willst oder sich jemand zu dir nicht liebevoll verhalten hat, dann sprich bitte drei Mal: »Ich verzeihe mir und allen anderen Wesen, was ich getan und was andere mir angetan haben.«

Xantinus flüstert: »Alles ist gut, alles erlischt!« Auch jegliche Flüche und jeglicher Machtmissbrauch sind hierin eingeschlossen und drehen nicht länger das Karmische Rad.

Deine atlantischen Talente aktivieren

In Atlantis waren die Künste hoch angesehen. Jeder Einzelne verfügte über wundervolle Talente. Ob du ein Maler, ein Dichter oder ein Architekt warst, wird dir Cassjopeia, die nun neben dir steht, durch ihre Berührung zeigen. Cassjopeia berührt mit ihrem Lichthorn das Zentrum deiner Kreativität, und du erhältst jetzt die Erinnerung an deine Talente zurück. Ihre Berührung verleiht dir die nötigen Impulse, einen Pinsel zur Hand zu nehmen und zu malen, zu singen, zu musizieren oder was auch immer du jetzt verspürst und gerne tun möchtest.

Lebe deine Talente!

Spüre, wie deine Seele sich treiben und fallen lässt, und schenke dir selbst das Glück deiner gelebten Talente. Es wird dein Selbstbewusstsein enorm stärken, und du wirst dich selbst in einem neuen Licht sehen können.

Sirius spricht leise zu dir: »Ich bringe dir nun die Erinnerung an dein altes Wissen zurück. Es wird sich langsam wieder einstellen, so wie es deiner Entwicklung dient. Vertraue und wisse, dass alles zur rechten Zeit abrufbereit sein wird!« Sirius berührt dich mit seinem Lichthorn und lässt das Wissens durch deinen Scheitel in dich hineinfließen.

Der Hohe Rat spricht mit vereinter Stimme zu dir:

»Wir Einhörner sagen dir, du bist so wundervoll in deiner ganzen Göttlichkeit, lebe sie! Wir unterstützen dich, wo wir nur können. Gehe deinen Weg in Leichtigkeit. Wir schenken dir unser Geleit zu jeder Zeit.« Wenn du möchtest, verweile noch einen Moment und nimm dir so lange Zeit, wie du benötigst, um zu deinem Ausgangspunkt zurückzukehren.

Der *Hohe Rat*

der Einhörner

*D*er Hohe Rat der Einhörner besteht derzeit aus zwölf weisen, aufgestiegenen Einhornwesen, die ihre Energie verschiedenen Wirkungsbereichen zugeordnet haben und somit die gruppenältesten Einhörner einer der zwölf Einhornherden sind. Gemeinsam sind sie der Hohe Rat der Einhörner. Sie wirken Hand in Hand mit der Weißen Bruderschaft und somit mit den aufgestiegenen Meisterinnen und Meistern. Der Hohe Rat der Einhörner zeigt sich in der Regel, um von wichtigen Gegebenheiten und Geschehnissen zu berichten.

Sie verkünden dir, wenn sich in deinem Leben etwas wandelt und vergeben Aufträge zum Dienst an und auf der Erde. Meistens ge-schieht dies auf der Traumebene. Es könnte sein, dass du erwachst und plötzlich das Gefühl hast, dich mehr für den Umweltschutz, für Minderheiten oder Tiere engagieren zu wollen. Du kannst ihnen gerne mitteilen, ob du bereit bist, einen Dienst zum Wohle aller auf Erden anzunehmen.

Empfange die Botschaften dieser weisen Lichtwesen.

Der Hohe Rat der Einhörner und der Aufstieg der Erde

*D*iese Information kam als Botschaft zu uns:

»Geliebtes Wesen, erhebe dich im Licht, und folge deinem Auftrag!

Wir, die Hohen Räte des Universums haben dich auf den Planeten Erde ausgesandt. Du erlebst die Transformation des Planeten GAIA auf höchster Ebene mit.

Dein Licht ist das leuchtende Feuer der Nacht, wenn das göttliche Potenzial voll und ganz erwacht. Die höchsten Spähern wirst du sehen und die Erde wird sich weiter um die Sonne drehen.

Wir schwingen es ein, das göttliche Feld, es ist bereit, das Magnetgitternetz der Geistigen Welt!

Der Planeten Lichter verbinden sich, um die höheren Ebenen der Erde zugänglich zu machen, sodass auch sie im planetaren Gefüge wieder an ihren Ursprungsplatz gelangen kann – das ist der Aufstieg der Erde.

Lady Gaia als planetares Gestirn hat sich aus tiefer Liebe dazu bereit erklärt, mit all den Seelen in die tiefen Dimensionen hinabzusteigen, damit die geistigen Wesen die besondere Erfahrung des Menschseins machen konnten und können.

Mit dem Planeten steigen seine Bewohner von niederen in höhere Schwingungsebenen, die sogenannten Dimensionen, auf.

Die Einhörner wurden euch gesandt, um diesen Übergang in Liebe zu begleiten.

Sie senden dir ihre goldene Lichtfrequenz jetzt in diesem Moment direkt in dein Herz, damit du dich an dein göttliches Wesen und Sein erinnern kannst.

Sie öffnen das Sternentor deines Herzens, damit du deine kosmische Anbindung erkennst.

Der Kosmos ist alles, was ist, wir sind alle verbunden.

Erwache in deinem Herzen, spüre es, was fühlst du? Fühlst du Ängste, Blockaden, ...?

Bitte nun den Hohen Rat der Einhörner, diese Energie in höchste Lichtenergie zu transformieren.

Einst wurdest du aus der Quelle der Liebe in die Dualität geschickt.

Doch die duale Energie ist eine Illusion. Die Einhörner wecken die Erinnerung in dir, dass sich deine Seele immer wieder mit der Quelle, aus der du kommst, verbinden kann.

Dein Höheres Selbst steht zu jeder Zeit mit der Quelle in Verbindung.

Die Einhörner zeigen dir die Ebenen zwischen der Dualität. Die Graumodulation ist dieser Zwischenton der Dualität. Sie ist das, was sich zwischen schwarz und weiß befindet und dich in ein ausgewogenes Gleichgewicht bringt, was dich erdet und gleichzeitig anbindet.«

Ich fragte die Einhörner, wie wir diesen Zustand erfahren könnten.

Sie sagten mir: »Es ist ein Zustand des Schwebens im holistischen Raum, der göttlichen Geometrie. Bitte uns Einhörner, dich in das für dich passende geometrische Schwingungsfeld einzubetten. Wir tun dies, indem wir mit unserem Lichthörnern verschiedene Lichtlinien wie z.B. ein Dreieck um deine Aura herum aktivieren oder dich in einen Oktaeder aus Licht einbetten.

In diesem Schwingungsfeld kannst du dich im dualen Zwischenraum aufhalten und dich ohne Irritationen und Illusionen aus dem Außen optimal weiterentwickeln.«

»Danke, das werde ich gleich ausprobieren«, sagte ich und bat die Einhörner um die Berührung und Aktivierung des für mich optimalen Zustandes der Graumodulation.

Ich spürte, wie Lichtblitze an mir vorbeizogen und sich auf einmal alles – wie soll ich sagen? – sanfter und weicher anfühlte.

Ich fragte, mit welchem Symbol der göttlichen Geometrie ich nun verbunden sei, und sie sagten, ich sei nun in einen Dodekaeder aus Kristalllichtschwingung eingehüllt, der mein Sein klären und entspannen und mich für die nächste Zeit sicher einhüllen würde.

Wenn ein Wandel der geometrischen Schwingung anstünde, würden sie sich deutlich zeigen und mit mir kommunizieren.

Ich verbinde mich jetzt jeden Morgen während eines meditativen Moments mit meinem Dodekaeder, spüre in seine Struktur hinein und spüre, ob er mir etwas mitzuteilen hat.

Probiere es einfach selbst aus, und erlebe, wie es ist, im holistischen Raum der göttlichen Geometrie eingebettet zu sein.

Pegasus

*P*egasus-Einhörner sind Einhörner mit Flügeln. Sie haben ein erleuchtetes Lichtnerz, mit dem sie tief in unsere Seele blicken. Mit ihren Flügeln umfangen sie uns engelgleich, schützend, tröstend, beruhigend und liebend.

Sie zeigen uns mit ihrem liebenden Blick auf, welche Themen in unserer Seele gerade aufgelöst werden wollen. Um dies mit einfachen Mitteln deutlich zu machen, ist das Kartendeck der Pegasus-Einhörner entstanden.

Die Pegasus-Einhörner zeigten mir, wie wir uns mithilfe dieses Kartenlegesystems und ihrer Unterstützung selbst schnell erkennen und helfen können.

Die Pegasus-Einhörner zeigen uns den Weg in die Freiheit des Herzens, denn zu fliegen bedeutet immer auch, frei zu sein.

Die Freiheit des Herzens ist unermesslich!

»Die Freiheit des Herzens ist wunderbar,
so tragen wir dich von Jahr zu Jahr.

Durch den Zyklus von Werden, Vergehen und Sein,
blicken wir in die Leere deines Herzens hinein.

Wir schenken dir Liebe, geben dir Kraft,
sodass du erkennen kannst die dunkle,
die manipulative Seite der Macht.

Sie zeigt sich dir in so manchem Verlangen,
in Gewohnheit und in Suchtverhalten – lasse
sie los, die Gewohnheiten, die alten.

Die Illusion, die Blendung wird schnell
vergehen, denn was könnte schon reiner
göttlicher Liebe entgegenstehen.

Lasse dich zur Quelle der Freiheit tragen auf
himmlische Weise,
und beginne die Pegasus-Freiheitsreise.«

Freiheitsreise

R ufe nun den Pegasus der Freiheit des Herzens an deine Seite.

Er landet neben dir und sagt: »Sei gegrüßt, geliebtes Wesen, mein Name ist Piligryam und ich bringe dich nun zur Freiheit des Herzens, indem wir gemeinsam zur Quelle der Freiheit fliegen. Steige auf meinen Rücken, und komme mit mir.«

Du nimmst ganz behutsam Platz, und ihr fliegt los. Einen Augenblick später gelangt ihr an eine Wasserquelle, an der die schönsten Blumen wachsen. Alles steht in voller Pracht und erstrahlt in den buntesten Farben. Ihr landet.

Als du absteigst, spürst du sofort, wie unendlich weit dein Herz gerade ist. Piligryam schaut dich liebevoll an und sagt: »Wie schön du aussiehst mit deinem so weit geöffneten Herzen!«

Spüre dein Herz. Erkenne, wie viele wundervolle Erfahrungen und Herz-zu-Herz-Begegnungen dir geschenkt werden können. Vertraue darauf, dass du anderen Menschen dein offenes Herz zeigen kannst. Verschließe es nicht länger aus Furcht vor Verletzungen. Öffne dein Herz jeden Tag aufs Neue, und gewöhne dich langsam an diesen Zustand.

Du bemerkst jetzt direkt neben dir einen Engel, der dich ganz sanft mitten im Herzen berührt. Sofort kannst du erleichtert aufatmen. Du beobachtest, wie der Engel zu der Wasserquelle geht und glitzerndes Wasser in einem Gefäß auffängt. Er kommt mit liebevollem Blick zu dir zurück und gießt das Quellwasser langsam in dein Herz. Sofort erfasst dich ein unglaublicher Liebesstrom, der jegliche Leere in deinem Herzen ausfüllt. Du merkst, dass du von Sekunde zu Sekunde vollkommener und geistig stärker wirst.

Welch unglaublich positive Macht die Liebe doch ist!

Der Engel umarmt dich innig und sagt: »Ich bin der Engel der Freiheit des Herzens. Ich warte hier an dieser Quelle auf alle Wesen, die sich der Liebe zu sich selbst vollkommen öffnen möchten.

Wie schön, dass du heute den Weg zu mir gefunden hast! Sei wohlbehütet auf deinem weiteren Weg, und genieße die neue Freiheit deines Seins, deines Herzens.«

Bedanke dich bei dem Engel, und lasse dich von Piligryam wieder zurück zu deinem Ausgangspunkt tragen. Komme ganz befreit wieder im Hier und Jetzt an.

Erlebnis von Jeanne Ruland

Kwanitaga — Quan Yin

Frei, frei bin ich im Licht,

wandle über die Welten,

tanze in Spiralen und halte die Visionen.

Träume und Visionen, sie sind die
Grundlage der Wirklichkeit.

Tief in unserem Herzen wohnt das Paradies,

wir können es wiedererwecken und
auf den Schwingen des Lichtes

in den neuen Morgen, in eine neue Zeit,
und weitere Dimensionen erwachen.

Lasse dich berühren von der sanften Kraft
und dem Sternenlicht der Einhörner.

Segen ist immer da. Öffne dich, und vertraue.

Da ich schon als Kind die Fähigkeit besaß, Feen, Elfen und Engel zu sehen, ist es nicht weiter verwunderlich, dass mir auch aie Einhörer auf ihre Weise sehr nahe sind. Ich sah sie als Kind oft in der Begleitung von Feen feinstoffliche Energieströme reinigen.

Einhörner haben eine ganz besondere Bedeutung in meinem Leben. Eine ganz besonderes Erlebnis mit ihnen hatte ich in Amerika. Ich war noch recht jung und auf Visionssuche begleitet durch einen Taospueplo Indiander. Ich hatte mir für eine Woche ein zauberhaftes Plätzchen in der Natur gesucht. Dort verweilte ich mit der Frage: »Warum bin ich hier?«

An dem Platz, an dem ich mich befand, gab es eine Herde wunderschöner Wildpferde. Mein Platz war auf einer Anhöhe, sodass ich einen weiten Blick über das Tal und die Prärie hatte. Ich beobachtete die Wildpferdherde jeden Tag dabei, wie sie ihre Runden zog, wie sie sich innerhalb der Herde verhielten und staunte darüber, welch große Strecken sie am Tag zurücklegen konnten und wie glücklich sie in der Freiheit sind, aber auch wie fürsorglich, beständig und treu sie ihre Runden drehen und immer wieder zu den gleichen Plätzen zurückkehren.

In dieser Herde zogen zwei besondere Pferde meine Aufmerksamkeit auf sich. Sie waren weiß und strahlten große Reinheit und Würde aus. Eines von ihnen schien der Herdenführer zu sein, denn sobald es seine Ohren anlegte oder auf irgendeine andere Weise Zeichen gab, setzte sich die Herde wie von einer unsichtbaren Kraft berührt vollkommen synchron in Bewegung. Wenn sie losgaloppierten war es, als ob sie flögen und das ganze Gebiet mit ihrem Licht aufluden und reinigten. Diese unbändige Freiheit und Liebe, die von ihnen ausging, berührte mich zutiefst im Herzen.

In einem Traum in diesen Tagen unter freiem Sternenhimmel erschien mir ein Pegasuseinhorn, das mich mit seinen Schwingen aus Licht sanft an der Stirn berührte und mich aufweckte. Es begleitete mich fortan in meinen Träumen und Meditationen und stärkte meine Hellsichtigkeit. Ich fühlte mich so tief gesegnet. Ich hatte das Gefühl, das weiße Pferd der Herde habe sich mir in dieser Nacht in seiner wahren Gestalt offenbart. Am siebten Tag meiner Visionssuche kam mir die Erkenntnis. Ich erkannte, dass ich hier war, weil ich hier sein wollte und dass ich genauso frei sein wollte wie diese Pferde. Freiheit und die unbegrenzten Möglichkeiten des Seins sind für mich der Weg in eine neue Zeit.

Meine Reise ging weiter in die Hopi Reservation. Dort erfuhr ich, dass es verschiedene Tribes/Clans mit unterschiedlichen Aufgaben gab, die bestimmte Kräfte hüteten. Zu bestimmten Zeiten fanden Zeremonien und Tänze statt, in denen man diese Kräfte aktivierte. Dort erfuhr ich zu meinem Erstaunen, dass es einen »Einhorntribe« gab, zu dem ich mich augenblicklich hingezogen fühlte. Es verwunderte mich deshalb, weil es noch nicht sehr lange Pferde in den USA gibt.

Die Hopi als ältestes Volk dieser Erde kennen die Einhörner und haben einen Einhorntribe – das berührte mich damals sehr, und ich fühlte mich geehrt, dass ausgerechnet ich diese Information erhielt, da es in der Hopitradition viele Tribes gibt, die wesentlich aktiver, vordergründiger und bekannter sind, während die Einhörner eher unbekannt und unsichtbar im Hintergrund wirken. Der Einhorngott Kwanitaga durchleuchtet mit dem Licht der Reinheit und der Einheit die Seelen der Verstorbenen und bestimmt ihren Weg am Eingang zur Totenwelt. Die Einhörner werden gerufen, um das neue Licht zu entzünden und die zeremoniellen Durchführungen in der Reinheit und in dem Licht zu hüten. Sie haben einen ganz bestimmten Platz und eine Aufgabe in der Kosmologie der Hopi.

Der Einhornclan ist dem Zweihornclan untergeordnet, auch wenn der Einhornclan den Zweihornclan behütet. Das Einhorn kommt aus der Einheit und hat vorwiegend die Aufgabe, das Licht zu prüfen und die Reinheit wiederherzustellen, viele Gebiete stehen ihnen nicht offen. Der Zweihornclan kann sich freier in der Dualität bewegen und jene Kräfte ausgleichen, harmonisieren und handhaben, denen wir hier unterworfen sind. Er kann beide Kräfte nutzen, um Heilung, Ausgleich usw. zu bewirken. Der Zweihornclan kann sich in allen Welten bewegen, während Einhörner Wesen der Lichtwelten sind. So nannte ich mein Pegasus-Einhorn, das mir auf meiner Visionssuche erschienen war, Kwanitaga/Quan Yin, und ich gebe ehrlich zu, dass mich die Unterwerfung durch den Zweihorntribe richtig beschäftigte. Und ja, es stimmte, dass ich mich damals in dieser Welt mit all dem Ungemach schwergetan habe und erst lernen musste, hier richtig voller Liebe anzukommen und die Liebe auch in dem Widerspiel der Kräfte vollständig zu entdecken.

Meine erste, zusammen mit meinem Indianer selbst hergestellte Trommel widmete ich Taiowa, dem Schöpfergott der Hopi, und dem Einhorn Kwanitaga, dem Pegasus-Einhorn, das mir in jener sternenklaren Nacht unter freiem Himmel so deutlich im Traum erschienen war und mich tief im Herzen berührt hatte. Es tauchte in meinem Leben immer während innerer Reisen in die obere Welt auf, wenn ich hier Energiearbeit und Lichtarbeit machte und wenn ich tatsächlich auf Reisen rund um den Globus ging. Auf der inneren Ebene hilft es mir, meine Berufung zu leben und mich immer wieder auszurichten. Es war mein Hauptkrafttier während meiner 23-jährigen Flugbegleitertätigkeit, die ich kurz nach meiner Visionssuche antrat, und es ist mein Krafttier für alle Reisen, die in Verbindung mit den oberen Welten und Engelwelten stehen, in denen ich mich sehr zu Hause fühle.

Ich bin sehr dankbar für diese innere Führung und die Lichtarbeit, die durch die Einhörner erst möglich wird. Sie ist ein Segen. Auf meinem nun fast 30-jährigen schamanischen Weg habe ich sehr deutlich bemerkt, dass die Einhörner immer dann kommen, wenn Lichtarbeit und Energiearbeit anstehen und sich dann oft als weiteres Krafttier zeigen, sobald sich Menschen für die Lichtarbeit öffnen.

Die Einhörner führen Menschen zusammen, die eine gemeinsame Aufgabe haben. Der Mensch hat jedoch einen freien Willen (Zweihörner), den er nutzen kann, wie er möchte. So entscheiden wir, ob und was aus dieser Verbindung entstehen will, welchen Weg wir wählen, was möglich und was nicht möglich ist, weil wir uns vielleicht noch nicht so vertrauensvoll hingeben, ängstlich sind, oder kleingeistige Absichten verfolgen, nicht klar kommunizieren usw.

Das erinnert mich an das Bild der Pferde hier in unserem Land, in dem sie zum Teil einzeln in kleinen Gehegen gehalten werden, ganz und gar nicht ihrer wahren Art entsprechend, die viel unbändiger und freier ist, als wir uns das vorstellen können, aber auch treu, beständig und voller Liebe. So haben wir hier viele Grenzen geschaffen, die uns beschützen, aber auch traurig machen und einschränken, weil wir nicht das leben können, was wir sind.

Die Einhörner haben mich schon mit den verschiedensten Menschen zusammengebracht. Ich spürte das Potenzial dieser Verbindung, aber manchmal auch die Grenzen und das was nicht möglich war, weil noch Verstrickungen, Glaubensmuster da waren, die Energie nicht stimmte, es einfach nicht fließen wollte und der Samen in dieser Konstellation nicht aufgehen mochte, obwohl vieles mehr möglich wäre, wenn wir uns hingeben und die Liebe teilen würden.

Das Einheitsbewusstsein ist für die Kraft der Einhörner und die Verbindung untereinander sehr wichtig. Wir können nichts besitzen und auch nichts in die Geistige Welt mitnehmen. Energie fließt immer und beständig. Fließen wir zusammen, teilen wir die Liebe, die uns alle durchströmt oder halten wir uns zurück?

Die Einhörner helfen uns loszulassen und führen uns zu Menschen, mit denen es einfach fließt und wunderbar leicht ist. Sie eröffnen uns immer wieder neue Wege und Chancen. Wir sind es, die diese erkennen und die Chancen, die sie uns eröffnen, ergreifen sollten, denn es ist nicht nur für uns ein großer Segen, sondern für die ganze Welt.

Einhörner führen uns in Vertrauen, Licht und Liebe. Sie sind das lichtspendende und lichtgebende Prinzip der Allverbindung und Einheit. Das Pferd als Symbol für ALOHA, die Liebe, ist für mich vollkommen stimmig. So haben sie auch Melanie, Mareike und mich zusammengeführt, um das neue, ozeanische, freifließende Bewusstsein hier auf der Erde zu verankern und zu öffnen. Jeder von uns hat seine einzigartige Medizin, seine Aufgabe und seinen inneren Ruf. Wir werden für bestimmte Aufgaben zusammengeführt, und doch hat jeder seinen einzigartigen Weg, wir sind verbunden. Wenn wir vertrauen, so sind wir zur richtigen Zeit am richtigen Ort und tun genau das Richtige.

Ich bin unendlich dankbar für all die Führung und Begleitung und für die Rückkehr der Einhörner und der weißen Tiere auf Erden. Ich segne die Arbeit von Melanie Missing.

Das Paradies erwacht, das Zeitalter des Friedens nähert sich und neue Dimensionen stehen uns nun offen. Vertraue in die Kraft der Einheit und der Einhörner. Sie kennen den Weg nach Hause und helfen uns, in neuen Dimensionen der unbegrenzten Möglichkeiten zu erwachen und damit diese Welt lichtvoll zu wandeln.

Viel Segen für uns alle,

Jeanne Ruland

Avalon

*D*er Schatz des goldenen Apfels trägt uns gemeinsam mit den Einhörnern nach Avalon.

Vielleicht spürst du den Ruf Avalons schon in dir, denn es erwacht mit der 5. Dimension in der Erinnerung unserer Herzen.

Das Herzchakra über Glastonbury in England, das der Eingang Avalons ist, erwacht gerade und ist im Kollektiv deutlich spürbar.

Es ist das Erwachen des neuen Morgens.

Die Einhörner führen uns in die Energie Avalons, um uns an ein Leben im Einklang mit der Natur, mit allen Wesen und Welten zu erinnern. Wir sind eins, wie auf der Erde so im Himmel!

Unsere früheren Fähigkeiten kehren zurück, und wir können unser Vermächtnis im Hier und Jetzt wieder annehmen.

Mit der Ankunft und der Verwurzelung in Avalon werden wir aufhören zu suchen. Wir kommen an im heiligen Gral, der ICH-BIN-Präsenz.

Die Zeit wird kommen, in der die Menschen friedlicher, respektvoller und zum Wohle aller Wesen in der Gemeinschaft miteinander verbunden sind.

Die Energie von Avalon zu erleben heißt, in der 5. Dimension zu sein, in der der Nebel weicht und die Klarheit eintritt.

Avalon ruft!

Die Energien der weißen Magie strömen nun wieder zu dir, möchtest du sie annehmen?

Eine erstes Eintauchen in diese Energie schenken uns die Drachen. Begib dich gemeinsam mit ihnen auf eine Reise nach Avalon.

Einhörner, Drachen und der Weg nach Avalon

Die Drachen beschützen die Einhörner seit jeher, denn durch ihre Reinheit und Liebe sind die Einhörner zu jeder Zeit angreifbar. Doch mit den Drachen stehen ihnen mächtige Beschützer und Freunde zur Seite!

Als die Geistige Welt beschloss, die Lichttore der Einhörner wieder zu öffnen, gingen die Drachen in ihrer Beschützerfunktion voraus, um ihnen den Weg zu bereiten. Auf diese Weise konnten die Einhörner wieder zu uns kommen.

Die Einhörner wiederum helfen uns, einen neuen Zugang zu der Kraft der Drachen zu gewinnen. Sie zeigen uns ihre lichtvolle Seite, ihre Weisheit, Güte und Kraft. Die Drachen wurden uns lange Zeit als Wesen vorgestellt, vor denen man sich zu fürchten habe, doch dies ist keinesfalls richtig.

Sie sind beide Wesen höherer Dimensionen, die seit jeher miteinander wirken. Ihre gemeinsame Anwesenheit ist in unserer Dimension nun wieder deutlich spürbar.

In dieser Zeit, in der sich das Neue Bewusstsein hier auf der Erde ausbreitet, ein neues Bewusstsein der göttlichen Liebe, das uns daran erinnert, wer wir wirklich sind, stehen uns alle himmlischen Wesen mit vereinter Kraft zur Seite.

Drachenreiter und Meister erwachen, um sich wieder mit ihren Drachen zu verbinden. Diese Verbindung war nicht getrennt, sie hat nur geschlafen und erwacht jetzt in einem neuen Licht, in einem neuen Bewusstsein der göttlichen Liebe.

Die Einhörner bringen dich nun nach Avalon, um hier den Kontakt zu den Drachen wiederherzustellen oder zu vertiefen.

Sie laden dich herzlich ein zu einer Reise zur goldenen Insel Avalon.

Reise nach Avalon

Rufe deine persönlichen Einhörner zu dir an die Seite. Spüre, wie sich ihre Energie neben dir und um dich herum ausbreitet, dich einhüllt und berührt.

Spüre ihre Berührung zu eurer Begrüßung. Gemeinsam sprechen sie mit vereinter Stimme zu dir:

>»Heute ist es nun so weit, um zu
>gehen in die goldene Zeit.
>
>Die goldene Zeit der Vergangenheit,
>Avalons Insel, bist du bereit?

Wir werden sie sichtbar machen für kurze Zeit,
denn dein Vermächtnis ist zur Übergabe bereit.

Wir werden reisen in die vergangene Welt,
die so viele Geschenke für dich bereithält.

Die Drachen werden ihn dir übergeben,
den Schlüssel der Zeit,

damit du dein Vermächtnis holen
kannst in die heutige Zeit.«

Hörst du sie schon erklingen, die Melodie, den Ruf Avalons?

Die Melodie, die dich nun in die Erinnerung versetzt, dass etwas ganz Wertvolles dort in Avalon auf dich wartet, dein eigenes Vermächtnis.

Eines deiner Einhörner lädt dich nun dazu ein, auf seinem Rücken Platz zu nehmen. Du steigst achtsam auf, legst deinen Kopf an die kuschelig weiche Mähne und hältst dich an ihm fest, indem du deine Arme fest um ihn legst.

Eure Reise beginnt, das Einhorn schwebt immer höher und weiter …

Alles fühlt sich augenblicklich leicht und frei an. Auf eurem Flug durch Raum und Zeit, zurück nach Avalon in die goldene Zeit, bist du mit deinem Einhorn fest verbunden.

Genieße diesen Flug, diese unendliche Leichtigkeit.

»Ihr werdet gleich am Tor von Glastonbury stehen, um durch die Nebel hinein und hindurch bis nach Avalon zu gehen.«

Du siehst es schon aus der Ferne. Es ist tatsächlich von einem Nebel umgeben, in dem ihr jetzt ganz sicher landet. Du gleitest vom Rücken deines Einhorns hinunter. Eine liebevoll lächelnde Frau in einem schönen Gewand kommt durch den Nebel hindurch auf dich zu. Sie spricht zu dir: »Sei herzlich willkommen hier am Tor Avalons. Ich bin die Priesterin des Übergangs zwischen den Welten, und ich öffne dir den Zugang.«

Der Nebel lichtet sich für einen Moment. Ihr gelangt über einen Hügel direkt an einen See, an dem ein Boot bereitliegt. Ihr werdet gebeten, einzusteigen. Die Überfahrt führt durch weitere Nebelschwaden, die sich jedoch schon bald darauf lichten. In diesem Moment erblickst du sie, die Insel Avalon. Sie zeigt sich dir in atemberaubender Schönheit.

Du betrittst Avalon und ein alles durchdringendes, wohliges Gefühl durchströmt dich. Du blickst auf eine wunderschöne Landschaft, viele Apfelbäume befinden sich entlang der Wege.

Die Feuer der Insel leuchten strahlend hell und weisen dir den Weg, den du in Begleitung deines Einhorns beschreitest.

Über felsige Stufen geht es immer höher hinauf, bis hin zu einem magischen Steinkreis. In dem Kreis steht ein alter Mann mit langem weißem Bart. Als er dich ansieht, durchfährt es dich – du kennst ihn, es ist der Druide Merlin.

Er macht eine leichte Verbeugung und winkt dich zu sich in die Mitte des Kreises. Wortlos nimmt er dich an dem Arm und deutet gen Himmel.

Du blickst nach oben und siehst vier Drachen, die auf euch zufliegen. Sie sind groß und majestätisch. Mit einem kräftigen Windstoß landen die vier in eurer Mitte. Liebevoll schnaufend stellen sie sich gemäß der vier Himmelsrichtungen auf.

Merlin spricht zu dir:

»Sie wollen dich in die Kraft der Elemente einweihen. Sie verbargen sich lange Zeit in dieser. Nun zeigen sie sich dir in ihrer ganzen Gestalt.

Im Norden steht der Drache der Winde, er ist ein Luftdrache, im Osten steht der Drache des Wassers, er ist ein Wasserdrache, im Süden steht der Drache des Feuers, er ist ein Feuerdrache und m Westen steht der Drache der Erde, er ist ein Erddrache.

Lerne sie und mit ihnen die Kraft der Elemente kennen.«

Der Luftdrache erhebt sich mittig über dem Steinkreis und pustet in die Lüfte. Die Winde beginnen zu wehen. Du spürst, wie sie dich einhüllen, durchpusten und sich alles von dir löst, was dich beschwert.

Der Wasserdrache schwebt empor und pustet kräftig in den Himmel. Es beginnt zu regnen. Der Regen, der nun auf dich herunterprasselt, ist angenehm reinigend. Er spült förmlich jegliche Schwere hinfort.

Der Luftdrache pustet ebenfalls und alle Energien verbinden sich zu Wolken die von dir aus emporsteigen.

Nun steigt der Feuerdrache auf und pustet in die Wolken hinein, die sich innerhalb seines transformierenden Feuers augenblicklich auflösen. Er beugt sich zu dir herunter und entzündet ganz scnft einen Feuerring um dich herum, der dich schützend umgibt.

Die Energie des Feuers erwärmt dich auf sehr angenehme Weise und beim nächsten Atemzug spürst du, wie alle Fesseln, die dich in deinem Energie- und Körpersystem halten, aufgesprengt werden. Ob Glaubenssätze, Muster oder andere Einschränkungen, die du dir selbst oder die andere dir auferlegt haben. Sie alle lösen sich durch die Kraft des Feuerdrachens und zeigen sich dir jetzt.

Schaue hin, und nimm die Bilder jetzt ganz deutlich wahr.

Der Erddrache kommt auf dich zu und spricht liebevoll zu dir:

»Geliebtes Wesen, ich berühre dich nun mit der Kraft der Erde.
Sie wird dir zeigen, wie du deine eigene Kraft anerkennst und ge-
brauchst. Ich rufe meine Freunde der Elemente Wind, Feuer und
Wasser. Ich bin die Erde, und wir bringen dich jetzt hier in Avalon in
deine ureigene Kraft, damit du deine Aufgabe in deiner Welt annehmen, sie ganz in deiner Kraft, mit der Unterstützung der Wesen
der Elemente, der himmlischen Wesen und unserer lieben Freunde,
der Einhörner, meistern und deinen Weg gehen kannst.«

Die Drachen stehen um dich herum und breiten ihre großen Schwingen aus. Ein mächtiger Windstoß durchfährt dich. Sie übergeben dir
jetzt dein Vermächtnis, den Schlüssel der Zeit, und lassen dich deine
wahre Größe spüren.

Spüre dich, spüre dein Sein …

Fühle, wie die Energien zu fließen beginnen und sich die Nebel
immer mehr lüften.

Du spürst, wie sich alles in dir ausdehnt und du beginnst, dein eigenes Kraftfeld aufzubauen. Es ist ganz leicht, diese Kraft in Begleitung
der Drachen mühelos zu halten.

Sie werden dich so lange dabei unterstützen, bis du die Kraft, die du
bist, selbst halten kannst. Du wirst dabei zu jeder Zeit von der Liebe
des Himmels getragen und gehalten.

Beginne nun, deine Kraft auch auf der Erde zu halten, um dort ein
Kraftfeld aus deiner ureigenen Energie aufzubauen, das dich auf
deinem Weg trägt.

Die Drachen sagen dir: »Vertraue auf deine inneren Schätze und nimm dein Vermächtnis an. Gehe ruhig und besonnen auf deinem Lebensweg weiter und trage die Liebe in die Welt.

Wir Drachen sind zurückgekehrt, um uns wieder mit unseren Drachenmeistern zu verbinden und um unser Erbe Lemuriens, Atlantis´ und Avalons wieder anzunehmen. Die Feuer sind wieder erwacht und bereit, alle Energien in die Freiheit zu führen und den Planeten Erde bei seinem Aufstieg zu begleiten.«

Die Drachen erheben sich nun gemeinsam und verabschieden sich von dir. Bedanke dich bei ihnen.

Merlin und dein Einhorn stehen neben dir. Merlin spricht:

»Wir befinden uns hier in einem besonderen Kraftfeld. Dieser Steinkreis ist ein Kraftort der Druiden. Demzufolge sind all die Steine, die uns umgeben, Druidensteine. Es sind Steine, die tief verbunden sind mit Mutter Erde, mit ihrem Herz.«

Setze dich an einen der Steine. Lehne dich mit dem Rücken an ihn und spüre, wie er sich augenblicklich mit deinem Herzen verbindet. Diese Verbindung führt dich in Einklang mit der Erde.

Nimm die Erde jetzt als Wesen wahr! In welcher Form, in welcher Gestalt zeigt sie sich dir?

Nimm auch die Erde jetzt in ihrer Ganzheit als Wesen wahr. Beginne, mit ihr zu kommunizieren und empfange ihre Botschaft. Gib dich diesem Moment ganz hin und verschmilz mit Mutter Erde, werdet eins.

Die Hohepriesterin Avalons steht nun vor dir und schaut dich mit einem Lächeln an. Du stehst auf, und sie reicht dir ihre Hand. Gemeinsam mit Merlin und deinem Einhorn tretet ihr aus dem Steinkreis heraus und geht gemeinsam über weitere Felsstufen hinauf auf ein Plateau.

Ihr blickt in die endlose Weite, und die Priesterin spricht:

»Die große Göttin hält alles im Gleichgewicht: gut und böse, Tod und Wiedergeburt. Ohne sie würden Chaos und Zerstörung herrschen. Es hängt von deinem Willen, von deinen Gedanken ab, wohin der Weg dich führt. Ich möchte dir helfen, deine Visionen Wirklichkeit werden zu lassen. Dein Ziel zu visualisieren ist wichtiger als jeden einzelnen Schritt zu kennen, den du dafür tun musst. Stelle dir vor, du wärest ein Maler! Der erste Schritt, den der Maler in Gedanken tut, bevor er seinen Pinsel zur Hand nimmt, ist, sein Werk zu visualisieren, wie soll das fertige Bild aussehen? Er überlegt sich ein Konzept, welche Farben er benutzt, welche Techniken er anwendet ... doch der Weg bleibt letztlich immer variabel. Wichtig ist nur das Ziel, das er immer vor Augen hat.

Der Maler merkt, dass er einen neuen Stil anwenden möchte, braucht dafür aber das Wissen über eine neue Technik. Er erlernt sie und arbeitet dann erst weiter an seinem Bild.

Er hat eine neue Fähigkeit erlangt. Das ruft in ihm neue Visionen hervor, die genau zum richtigen Zeitpunkt gekommen sind, um etwas ganz Wundervolles in sein Bild einfließen zu lassen.

Als er die Vision hatte, kannte er sie noch gar nicht und wusste nicht, dass sie kommen würde. Das fertige Bild aber, sein Ziel hatte er immer vor Augen.

Egal, wie das Bild am Ende aussehen wird: Es wird seinen Weg, seine Gefühle, seine Seele ausdrücken und wiederum andere Menschen berühren und inspirieren. Das ist das Schönste, das man mit seinem Tun erreichen kann.«

Stelle dir nun in dem vollen Bewusstsein deiner eigenen Kraft dein Ziel, dein fertiges Bild vor und manifestiere diesen Gedanken hier an diesem kraftvollen Ort.

Dein Bild ist dein Vermächtnis an die Nachwelt. Es ist der Heilige Gral, der von allen gesucht wird. In jedem von euch besteht die Chance, das alte Wissen mit dem neuen zu vereinen und von Generation zu Generation weiterzugeben. Es ist die Vision von Einheit und Liebe, es ist deine Ich-Bin-Präsenz.

Stelle dir dein fertiges Bild vor, deinen Heiligen Gral, das, was du der nächsten Generation übergeben willst!«

Nun kommt der Hohepriester auf dich zu. Er spricht als vereinte Stimme Lemuriens, Atlantis´ und Avalons zu dir:

»Geliebtes Wesen, lerne, dein Schwert in Frieden zu führen und deine Kraft zum Wohle aller einzusetzen. All die Rollen, Plätze und Positionen, die du je übernommen hast und nun nicht mehr benötigst, dürfen gehen. Gehe ganz in deine Mitte und siehe die Welt mit den Augen der Liebe. Es werden viele neue Verbindungen in dein Leben treten, und ich werde dir zeigen, an welchem Platz, an welchem Ort dein Licht gebraucht wird, wo es am stärksten schwingt und strahlt. Du bist bemächtigt, deinem Leben eine neue Richtung zu geben. Du bist frei, deine Träume, deine Visionen segensvoll in die Tat umzusetzen. Du wirst zu jeder Zeit göttlich geführt.«

Es ist nun an der Zeit, deinen persönlichen Drachen kennenzulernen.

Gemeinsam geht ihr in die Höhle eines großen Berges hinein, die nach allen Himmelsrichtungen geöffnet ist.

Du erblickst einen schlafenden Drachen. Die Priester und Merlin ermuntern dich dazu, zu ihm zu gehen und ihn zu erwecken. Dein Einhorn tritt an deine Seite und ihr geht gemeinsam zu ihm. Mit deiner linken Hand berührst du sein Herz, während dein Einhorn einen Lichtregen auf ihn herunterrieseln lässt, der ihn sanft berührt und erwachen lässt.

Langsam öffnet er seine Augen und erblickt dich und das Einhorn.

Ihr erkennt euch sofort, und er nimmt dich liebevoll an sein Herz. Er bittet dich, auf seinen Rücken aufzusitzen. Du kletterst an ihm hoch und nimmst Platz. Halte dich gut an ihm fest, und verabschiede dich bei Merlin, der Priesterin und dem Priester.

Der Drache und dein Einhorn laufen gemeinsam zu einem der vier Ausgänge. Für welchen Ausgang er sich entschieden hat, offenbart dir, welchem Element dein Drache angehört.

Lief er geradeaus, gen Norden, gehört er zu den Luftdrachen, lief er nach rechts, gen Osten, ist er ein Wasserdrache, lief er zurück, gen Süden, ist er ein Feuerdrache, lief er nach links, gen Westen, ist er ein Erddrache.

Ihr hebt gemeinsam ab, und du schwebst anmutig und mit deinem Drachen und deinem Einhorn vereint über Avalon.

Frage den Drachen nach seinem Namen. Über eure telepathische Verbindung wirst du ihn erfahren.

Ihr fliegt noch einmal dicht über den Apfelbäumen. Aus eurem Flug heraus pflückst du dir einen Apfel. Er ist das Zeichen deines Vermächtnisses, das du nun mit zurück ins Hier und Jetzt nimmst.

Ihr fliegt abseits der Insel über den See hin zum Tor von Glastonbury. Du winkst noch einmal der Hüterin des Tores und gleitest im Bewusstsein der Liebe Avalons durch den Nebel zurück zu deinem Ausgangspunkt …

Komme langsam wieder an, sei wieder hier!

Bewege deine Hände, öffne deine Augen.

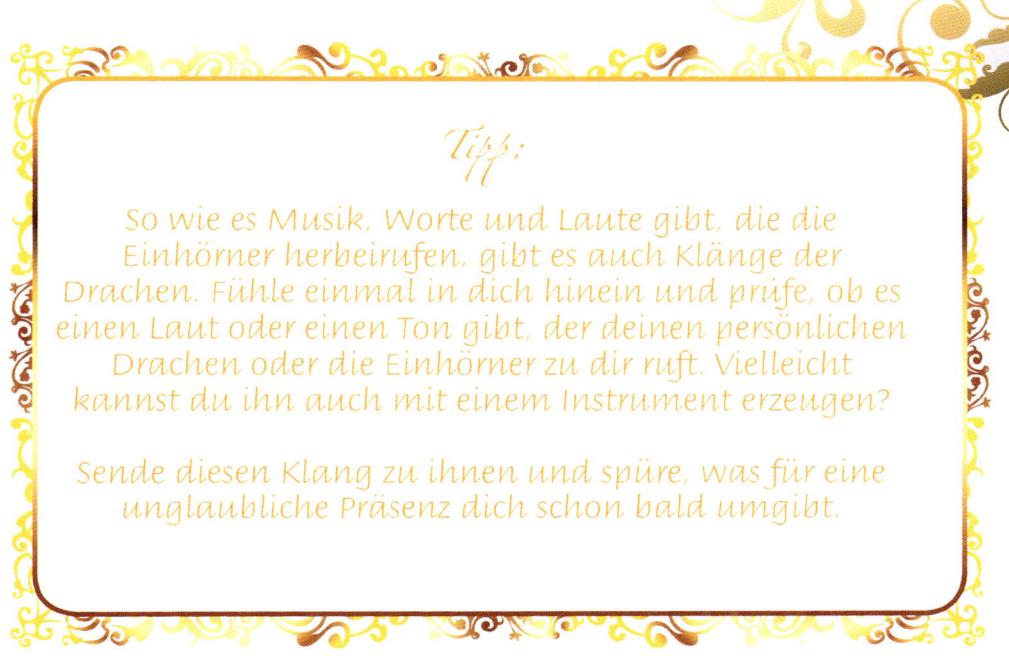

Tipp:

So wie es Musik, Worte und Laute gibt, die die Einhörner herbeirufen, gibt es auch Klänge der Drachen. Fühle einmal in dich hinein und prüfe, ob es einen Laut oder einen Ton gibt, der deinen persönlichen Drachen oder die Einhörner zu dir ruft. Vielleicht kannst du ihn auch mit einem Instrument erzeugen?

Sende diesen Klang zu ihnen und spüre, was für eine unglaubliche Präsenz dich schon bald umgibt.

In Avalon hatten Rituale eine große Bedeutung: Eine der schönsten Überlieferungen ist das Entzünden und Weihen/Segnen einer Kerze.

Feuer ist die sichtbare Form
der ewigen, unsterblichen Flamme,
die alles durchdringt, die alles
schafft, die alles ist.

Apollonius von Tyana

Eine Kerze anzuzünden bedeutet mehr, als Worte sagen können. Wir können damit Wertschätzung, Dankbarkeit, Innehalten und Raum schenken. Seit Urzeiten werden Kerzen an heiligen Orten entzündet. Die Kerze ist ein Sinnbild für ganz feine Kräfte. Mit ihrem Entzünden können wir segnen, anerkennen, gute Spirits und Lichtwesen rufen. Sie ist ein Sinnbild für das ewige Licht, das alles mit seinem Schein erhellt. Jeder von uns kann durch diese schlichte Handlung, eine Kerze zu entzünden, seinen Tag beginnen oder beenden und sein Licht und seine Flamme leuchten lassen, denn die Kerze spendet lichtvolle Energie. Es gibt viele wunderbare Gründe dafür, ein Kerze zu entzünden: Wir können unsere Ahnen damit würdigen, jemanden, ob nah oder fern, mit guten Wünschen bedenken oder Hoffnung spenden. Der Schein der Kerze legt uns einen schützenden Mantel um, lässt uns entspannen, tief durchatmen und den Alltag für einen Moment in die Ferne rücken.

Aber Achtung, lasse Kerzen nie unbeaufsichtigt.

Kerze salben, segnen und entzünden:

- Nimm eine der Einhornessenzen zur Hand. (Du kannst auch eine andere Essenz oder ein Öl nehmen).

- Werde innerlich still, und konzentriere dich auf das, was du tust.

- Sprühe die Kerze ein. Während du sie mit der Essenz einreibst, kannst du bereits dein Anliegen formulieren und aussprechen oder singen.

- Segne die Kerze mit einem Spruch deiner Wahl, z. B.: »Ich segne die Vergangenheit, ich segne die Gegenwart, ich segne die Zukunft, und ch erwarte das Beste«, oder diesem schönen Spruch von Jeanne Ruland: »Möge der goldene Regen des Segens, des Friedens und des Schutzes durch mich fließen und in die Welt und in alles fließen, womit ich sichtbar und unsichtbar verborgen verbunden bin. Möge der goldene Regen des Segens, des Friedens und des Schutzes durch mich und um mich fließen, um alle Wesen und um die Welt, zum Ruhme und zur Ehre der Schöpfung.«

- Entzünde die Kerze mit dem Fokus auf den Zweck, deinem Anliegen oder rufe ein Lichtwesen. Lasse die Kerze am besten ausbrennen. Wenn dir dies jedoch nicht möglich ist, dann lasse sie zumindest 10 Minuten brennen.

Deine Anne-Mareike Schultz und deine Melanie Missing

Kreiere einen Kraftort

*E*inen Kraftort zu kreieren, ist etwas ganz Wundervolles. Du kannst dies in deinem Haus, in deinem Garten, in deiner Wohnung, in Wäldern, in Seminarräumen oder wo auch immer du möchtest tun. Es ist schön, einen eigenen Kraftort zu haben, den du jederzeit erreichen kannst, um dich dort zu regenerieren, zu meditieren oder um Energie aufzutanken.

Fühle in dich hinein und prüfe, wo dieser Bereich, dieser Ort für dich in deinen Wohnräumen sein könnte. Kreiere an der Stelle, die du für dich ausgewählt hast, nun einen Kraftort für dich und deine Familie und alle dort lebenden Wesen.

Rufe die Einhörner und weihe diesen Ort gemeinsam mit ihnen zu deinem Kraftort. Bitte die Einhörner, eine Lichtsäule zu errichten, die dich immer wieder auflädt und kräftigt, sobald du den Raum oder den Platz betrittst.

Rufe die Lichtsäule an. Bitte sie, aus der höchsten Quelle der Liebe zu dir an deinen Ort zu kommen und sich hier zu manifestieren.

Spüre, wie sich die Energie im Raum erhöht und die Lichtsäule nun in den Boden und durch alle Erdschichten hindurch bis zum Mittelpunkt der Erde dringt und sich dort verankert.

Die Einhörner berühren sie nun mit ihren Lichthörnern und aktivieren auf diese Weise ihre Schwingung. Das Licht beginnt, sich wellenförmig im Kreis zu drehen und breitet sich immer weiter aus, bis es deinen Raum ganz erfüllt hat.

Tanke Kraft und Energie …

Das Licht strahlt jetzt über viele Kilometer in alle Himmelsrichtungen aus. Es darf eine Quelle des Lichts sein und alle Seelen berühren, die gerne von ihm berührt werden möchten.

Segne deinen Kraftort.

Spüre den Unterschied, wenn du das nächste Mal deinen Raum, diesen Ort, wo auch immer er sich befindet, betrittst.

Die Einhornlichtstätte

Die Einhörner haben, genauso wie Engel und Meister, einen Aufenthaltsort im Ätherreich, die Lichtstätte der Einhörner. Diese liegt direkt über der Stadt Lexington in Kentucky/USA. Lexington wird auch Horse Capital of the World genannt, die Pferde-Haupt-stadt der Welt.

Mein Geist hat sich schon oft des Nachts zu Schulungen dort hinbe-geben dürfen. Es ist einer der schönsten Orte, die ich je in meinen Astralreisen erblicken durfte.

Der Hohe Rat der Einhörner richtet
sein Licht zum Gruße auf dich!

Willkommen in den hohen Reichen, den Welten
dieser unserer Energie. Tritt ein in den Tempel der
Einhörner, geliebtes Wesen. Bitte uns, dich nachts
im Schlaf zu schulen, dich die Heiltechniken der
Einhornenergie zu lehren, damit du den Menschen
mit deinen dir gegeben Fähigkeiten in Liebe
dienen kannst. Wir erwarten dich bereits, du
wundervolles Wesen ...
Lasse uns gleich heute Nacht beginnen ...
Bis gleich, wir freuen uns schon sehr auf dich!

Tipp:

Bitte deine persönlichen Einhörner vor dem
Einschlafen darum, dich in dieser Nacht zu ihrer
Lichtstätte zu bringen, um dort im Tempel der
Einhörner gelehrt und eingeweiht zu werden und
dieses Wissen mit auf die Erde bringen zu dürfen.

Lerne die Lichtstätte der Einhörner kennen

Dort an diesem himmlischen Ort wirken die Einhörner für die Erde und alles Leben auf und in ihr.

Unter anderem ist dies der Ort, an dem du dem König und der Königin der Einhörner begegnen kannst.

Der König der Einhörner wird dich an diesem Ort begleiten und dir das Wirken der Einhörner für die Wälder der Erde, die so unendlich wichtig und schützenswert sind, zeigen.

Meditative Vorstellungsübung:

Stelle dir vor, du gehst durch einen wunderschönen Garten. Hier und da siehst du Einhörner, die mit ihren Lichthörnern Blumen berühren oder unter den großen Bäumen liegen und zu meditieren scheinen.

Du fragst den König, mit welchen Aufgaben die Einhörner betraut sind. Er erklärt dir, dass sie mit dem kollektiven Bewusstsein der Erde und mit allem, was auf ihr lebt, in Verbindung stehen und voller Liebe jeden Ort und jedes Wesen mit konzentrierter Einhornenergie aufladen, der oder das sie benötigt.

Die Einhörner, die hier unter den Bäumen liegen, sind mit den Wäldern der Erde und jene, die Blumen berühren, mit allen zarten Gewächsen verbunden, sie kommunizieren über die Wurzeln miteinander.

Ihr geht ganz nah zu einem mit den Wäldern verbundenen Einhorn. Man sieht förmlich die Energie zwischen dem Einhorn und dem Baum hin- und herfließen.

Der König bittet dich, den Baum zu umarmen.

Du stellst dich ganz dicht an den Baum, breitest deine Arme um ihn herum aus und lehnst dich mit dem Ohr gegen seine Rinde. Zuerst ist alles ganz ruhig, aber jetzt kannst du deinen eigenen Herzschlag hören. Du fühlst, wie er sich mit dem Baum verbindet und ihr eins werdet.

Du nimmst ein Flüstern wahr, das nach und nach immer deutlicher wird. Der Baum spricht zu dir, empfange seine Botschaft ...

Bedanke dich, und sende dem Baum einen Segen direkt aus deinem Herzen in eure Verbindung. Hülle gemeinsam mit den Einhörnern die Wälder mittels der Kraft des Segens in Lichtenergie und Liebe ein.

Löse dich aus eurer Verbindung.

Du öffnest die Augen. Der König steht vor dir und sagt: »Das hast du gutgemacht. Ein kleiner Lichtfunken aus jedem reinen Herzen ergibt einen mächtigen Lichtstrahl der Liebe und der Heilung.«

Wirke mit der Lichtenergie der Einhörner für die Erde. Suche dir einen Baum in deinem Garten, in einem Wald oder in einem Park aus, und umarme ihn.

Verbinde dich über dein Herz mit dem Baum, rufe die Einhörner, und bitte darum, in eurer Verbindung die Bäume und Wälder dieser Erde zu segnen.

Die Einhorn-Diamant-Energie

*E*ine der spannendsten nächtlichen Reisen mit den Einhörnern erlebte ich, als die Einhorn-Diamant-Energie zu mir kam:

Ich tauchte in ein Portal aus schimmernder Diamant-Energie. Die Diamant-Energie ist irisierend, ja, opalisierend. Eine Berührung mit ihr richtet uns auf unseren Ursprung aus. Sie erhöht unsere Zellschwingung. Spüre und erlebe es selbst, indem du dich von einem Einhorn mit der Diamant-Energie berühren lässt. Du wirst spüren, wie dich durch die Berührung eine Diamant-Lichtkugel einhüllt, die dich und dein Sein in diese wundervolle Schwingung einbettet.

Wir schreiten nun gemeinsam durch dieses Portal der Diamant-Energie. Ich erzähle dir, wie ich sie erlebt habe.

Du kannst sie als Erzählung lesen oder die Einhörner darum bitten, die Energie zu dir zu senden, während du liest.

Ich erblickte ein Einhorn, das mich mit seinem wie ein Opal schimmernden Lichthorn berührte. Ich sah augenblicklich sein diamantenes Lichtherz funkeln und glänzen.

Es sagte: »Ich lade dich auf eine Reise in eine dir unbekannte Lichtsphäre ein. Wir reisen in das Erdinnere, durch den Erdmantel hinein in die Hohlerde.«

Das Einhorn erzählte mir mittels unserer telepathischen Verbindung, dass dies ein ganz besonderer Ort sei und mich diese Reise bei der Entwicklung meines Bewusstseins unterstützen würde.

Das Einhorn flog mit mir senkrecht durch das Portal hindurch und sagte, dass dies der Eingang nach Shamballa und einer der Eingänge in die Hohlerde sei.

Wir befanden uns plötzlich in einem Palast, dem Palast von Shamballa. Hier war der Eingang zur Hohlerde.

Das Einhorn erklärte weiter:

»Dies ist eine der heiligsten Lichtstätten. Es ist etwas ganz Besonderes, sie besuchen zu dürfen.«

Der Hüter dieses Ortes ist Gautama Buddha. Dieser stand nun vor mir und begrüßte mich.

In Begleitung des Einhorns gingen wir in eine große Halle. In ihr war alles strahlend hell, und in ihrer Mitte befand sich ein wunderschöner, riesengroßer Diamant.

Gautama Buddha legte seine Hände auf den Diamanten und das Einhorn richtete sein Lichthorn auf ihn, gleichzeitig luden sie mich ein, den Diamanten mit meinen Händen zu berühren.

Die Diamant-Energie schoss wie ein Blitz in mich hinein, und schon im nächsten Moment befanden wir uns gemeinsam im Erdinneren.

Das Einhorn schaute mich liebevoll an, um mir zu vermitteln, dass alles in Ordnung sei.

Um mich herum funkelte und strahlte es. Ich war im Erdinneren, dort, wo die Diamanten entstehen.

Gautam Buddha sprach zu mir: »Wir haben dich heute hier an diesen Ort eingeladen, um dir ein Bewusstsein für das Licht in deinem Herzen zu vermitteln.

Du denkst immer wieder: ›Was kann ich schon verrichten …?‹ Doch es ist wie bei einem Diamanten, jedes Detail ist wichtig, seine Reinheit, sein Leuchten, all dies ist wichtig, um zu einem Diamanten zu werden.

Auch du bist Träger eines Diamanten, direkt in deinem Herzen, geliebtes Wesen. Und heute ist der Tag gekommen, dies ganz bewusst zu erkennen und zu verstehen.

Du hast vielleicht in der vergangen Monaten, Wochen und Tagen mehr Druck als in den Zeiten zuvor erlebt, egal, auf welcher Ebene und in welcher Form. Vielleicht hat dich auch das ein oder andere Mal eine Hitzewelle erreicht. Du hattest Fieber, Kopfschmerzen und fühltest dich krank.

Dabei handelte es sich um eine gewollte Reibung und Erwärmung deines Lichtkörpers, die sich nun wieder aufhebt, denn dein Herzdiamant hat nun begonnen, sich auszubilden. Du musst wissen, dass Diamanten immer unter starkem Druck und hoher Hitze entstehen.

Spüre jetzt in dein Herz, geliebtes Wesen, und schaue dir den Diamanten darin genau an.

Siehe, wie rein und strahlend schön er ist!

Vielleicht fragst du dich, was das mit der in deinem Leben für dich wirkenden Einhornenergie zu tun hat? Dies erklärt dir das Einhorn.«

Das Einhorn sprach: »Unser Ursprung ist die Christus-Energie, geboren aus dem Schoß von Mutter Maria sind wir die Diamanten des Himmels, reine, in Lichtenergie geborene Wesen, all unsere Absichten entstammen der reinen Liebe.

Wir befreien dich mit der Einhorn-Diamant-Energie aus allen alten Verhaftungen, reinigen dein Sein von allen dich blockierenden Energien sowie von allen Fremdenergien, die deine Aura, deinen Lichtkörper, immer wieder verunreinigen. Zudem verbindet dich die Einhorn-Diamant-Energie mit deinem Ursprung und nährt deine Zellen mit dieser strahlenden Urkraft.«

Gautama Buddha sprach weiter:

»Einem Diamanten obliegt die Lichtbrechung. Hast du schon einmal gesehen, was passiert, wenn die Sonnestrahlen einen Diamanten berühren?

Das Licht bricht und strahlt Regenbogenfarben in alle Himmelsrichtungen.

Durch die Regenbogenlichtenergie bist du mit den Einhörnern verbunden, und diese wiederum berühren mit den Lichtstrahlen des Regenbogens deine Chakren, richten sie optimal aus und vertikalisieren sie für die optimale Anbindung deines Lichtkörpers an die Geistige Welt.

Das, was wir dir heute hier an diesem Ort geben möchten, ist die Bearbeitung deines Herz-Diamanten, denn erst durch den richtigen Schliff kommt er wahrhaft zur Geltung.

Du fragst dich nun vielleicht: ›Wie schleift man einen Diamanten, einen Herz-Diamanten?‹

Ganz einfach, mit einem anderen Diamanten. Und wer oder was könnte ein reineres Herz haben als ein Einhorn?«

Das Einhorn stand nun ganz nahe vor mir und sendete vcn seinem Herz zu meinem eine Rebenbogenlichtbrücke, die unsere Herzen nun verband.

Über das Regenbogenlicht zwischen unseren Herzen wanderten die Diamanten zueinander und rieben sich aneinander. Lichtfunken sprühten! Es war ein unglaubliches Erlebnis.

Erst durch den Schliff der Liebe des Einhorns kamen alle Facetten des Diamanten zum Vorschein, und er erstrahlte in unglaublicher Brillanz.

Das Einhorn sagte: »Die Brillanz deines Herz-Diamanten beruht auf zahlreichen Lichtreflexionen in seinem Inneren, die gerade durch den Schliff zum Vorschein gebracht wurden.«

Das Einhorn sendete den Diamanten über den Regenbogen zurück in mein Herz. Es sprach weiter:

»Du wirst ab sofort eine Veränderung in deinen zukünftigen Begegnungen spüren. Man kann Herzbegegnungen sehen und erkennen. Das Licht in den Herzen trifft sich dann, das Licht der Person oder des Tieres, dem du begegnest, strahlt in dein Herz und reflektiert im Inneren deines Herz-Diamanten.

So, wie das Sonnenlicht auf einen Diamanten einfällt und einen Regenbogen aussendet, so sendest du dein Licht zum Herzen deines Gegenübers, der dir wiederum sein Licht sendet. Auf diese Weise könnt ihr euch erkennen, ist das nicht wunderbar?

Scheine, liebes Wesen, scheine so hell wie ein Diamant, voller Reinheit und Liebe!

Dein Herz-Diamant wird in der Tiefe deiner Seele leuchten wie ein Brilliant!«

Gautama Buddha fügte hinzu:

»Wisse, dass sich im Diamanten die göttliche Geometrie widerspiegelt, denn ein Diamant bildet meist oktaederförmige Kristalle. Weitere Formen sind das Tetraeder, Dodekaeder und der Würfel.

Halte deine Hand am Abend auf deinen Herz-Diamanten, und wisse, dass in ihm alles Wissen der Welten gespeichert ist. Verbinde dich mit ihm, so verbindest du dich mit allem, was ist. Die Einweihung ist nun beendet.«

Gautama Buddha reichte mir seine Hand und im nächsten Moment standen wir wieder in der Halle des Palastes. Ich bedankte mich, und das Einhorn brachte mich durch das Portal zurück in meinen Körper. Dann wachte ich auf.

Spüre deinen Herz-Diamanten!

Halte deine linke Hand auf dein Herz. Atme tief ein und wieder aus, spüre deinen Herz-Diamanten, siehe sein Leuchten. Erkenne, wie viele Facetten dein Diamant besitzt, und bitte die Einhörner der Diamant-Energie, deinen Herz-Diamanten mit ihrer Liebe zu schleifen. Du wirst sehen und spüren, wie viele neue Möglichkeiten dir dein Sein anbietet, wie neue Wünsche und Talente in dir erwachen und sich eine Ausdrucksform suchen. Spüre, wie dich die Einhorn-Diamant-Energie reinigt und klärt.

Auch kannst du vor dem Einschlafen darum bitten, mit den Einhörnern der Diamant-Energie in die Hohlerde reisen zu dürfen.

Bitte immer darum, das Wissen, das du nachts erlangst, auch mit auf die Erde und in dein dortiges Leben bringen zu dürfen.

Schutzübung für jeden Tag mit Erzengel Michael und dem Einhorn Löwenherz

Rufe Erzengel Michael und das Einhorn Löwenherz an deine Seite.

Bitte Erzengel Michael darum, dir eine goldene Schutzrüstung anzulegen. Die goldene Rüstung schützt deinen Oberkörper so, dass besonders dein Herz, dein Solarplexus und dein Rücken verborgen werden, denn oftmals geschehen Angriffe hinterrücks.

Du wirst augenblicklich spüren, wie dich die Rüstung aufrichtet und dass du dich in ihr wirklich wohl und beschützt fühlst.

Bitte Erzengel Michael, dich durch die Rüstung vor allen Angriffen, allen Fremd- und Negativenergien zu schützen.

Bitte darum, dass sie an deiner Rüstung abblitzen, und zu ihrem Ursprung, zu ihrem Absender zurückgesendet werden.

Deiner goldenen Rüstung ist dies mit und durch Erzengel Michaels Schutzenergie möglich!

Du bist beschützt!

Deine Rüstung trägt einen wunderschönen Kristall an der Stelle deines Herzens.

Bitte das Einhorn Löwenherz nach dem Anlegen deiner Rüstung darum, den Kristall mit seinem Lichthorn zu berühren. Das Einhorn Löwenherz verändert mit der Berührung seines Lichthorns die Farbe des Kristalls. Es übermittelt dir eine Information direkt in die Mitte deines Herzens und somit in dein Bewusstsein.

Bitte erschrecke nicht, wenn der Kristall durch die Berührung braun oder schwarz wird. Dies ist allein ein Hinweis, heute achtsam mit dir und deinem Umfeld zu sein.

Es ist leider nicht zu ändern, dass dir nicht immer alle Wesen wohlgesonnen sind, du darfst aber lernen, dies zu erkennen und damit umzugehen.

Folgende Bedeutung hat der Hinweis, der heute für dich wirkenden Diamant-Einhorn-Energie:

Weiß/klar: Zentrierung und Klarheit

Rot: Liebe und Herzöffnung

Rosa: Selbstliebe und Harmonie

Blau: Schutz und Kraft

Grün: Heilung und Konzentration

Gelb: Segen und Vergebung

Orange: Lebensfreude und Mut

Lila: Reinigung und Transformation

Türkis: Erkennen und Kommunikation

Magenta: Weiterentwicklung und Aufstieg

Gold: Führung und Frieden

Silber: Weisheit und Inspiration

Opal: Einweihung und inneres Kind

Regenbogenfarben: Chakren-Ausrichtung, Reinigung und Kreativität

Braun/Schwarz: Achtsamkeit und Aufmerksamkeit.

Es könnte auch sein, dass du über eure telepathische Verbindung Worte oder Bilder von Erzengel Michael und dem Einhorn Löwenherz für dich und deinen bevorstehenden Tag oder die dir bevorstehende Situation bekommst. Sei dir sicher, du bist jederzeit beschützt.

Hab heute einen WUNDER-VOLLEN Tag!

Liebe und Partnerschaft

*D*ie Einhörner wissen um das große Thema der partnerschaftlichen Liebe. Freude und Schmerz liegen da ganz nahe beieinander, und es ist für die meisten Menschen das wichtigste Thema, die Liebe …

Denn mit der Liebe steht und fällt alles.

Einhörner sind die besten Beziehungsberater, denn sie sind gern bereit, dich in allen Belangen der Liebe zu unterstützen.

Sie tragen dazu bei, dass sich findet, was oder wer zueinander gehört, ebenso helfen sie ganz deutlich dabei, aufzuzeigen, wenn etwas in Liebe beendet werden darf. Zudem helfen sie allen Beteiligten auf ganz liebevolle Weise in ihrem Prozess des Loslassens.

Wenn einmal dein Herz schwer und traurig ist, rufe die Einhörner der Liebe, und bitte sie, dein Herz zu berühren und mit ihrer Liebe zu segnen.

Nimm diese Streicheleinheit der Liebe für dich bitte an – sie ist bedingungslos!

Eine Situation anzunehmen, wie sie ist, erscheint oftmals schwierig, doch erst mit der Annahme entsteht Raum für Heilung.

Die Einhörner sagten einmal in einem sehr traurigen Moment zu mir:

»Weißt du, was es bedeutet, etwas von Herzen anzunehmen? Es ist die Bereitschaft, ›Ja‹ zur Liebe zu sagen, zu einer Liebe, die immer nur gibt und nicht verlangt, nicht fordert, nicht aufrechnet. Und dann ist es natürlich auch die Bereitschaft, dein Herz anzunehmen, deine Gefühle und das Bewusstsein, es wert zu sein.

Zweifele nicht an dir! Du bist es wert, unendlich geliebt zu werden. Wir lieben dich über alle Maßen, genau so wie du bist. Du kannst nichts tun, was unsere Liebe zu dir wanken lässt.

Die Liebe IST! Und wir SIND immer bei dir.

Wisse, dass du frei wählen kannst.

Alles, was weniger ist als Liebe, wählst du aus deinem freien Willen heraus. Sei dir dessen bitte immer bewusst! Fokussiere dich auf Liebe, auf bedingungslose Liebe! Liebe dich, liebe dein Leben, liebe alle Wesen – schenke ihnen deine Liebe. Denn du bist Liebe, reine, göttliche Liebe. Du bist erschaffen aus Liebe, hörst du!

Liebe ist alles, sie vermag alles zu heilen und alles zu sein.

Wir lieben dich!

Tauche für einen Moment in die Quelle der Liebe ein, und lasse dein Herz von ihr erfüllen.

Reise zur Quelle der Liebe

Das Einhorn der Liebe steht an deiner Seite und lädt dich auf eine Reise zur Quelle der Liebe ein.

Mit einem liebevollen Blick bittet es dich, aufzusteigen, und schon fliegt ihr los. Immer höher, immer weiter in die Welten zwischen den Welten, hinein in die göttliche Ebene, zur ewigen Quelle der Liebe.

Da die Liebe vermag, alles zu sein, zeigt sie sich für jeden in anderen Bildern und Farben.

Wie sieht deine Quelle der Liebe aus? Wie fühlt es sich an, hier zu sein? Befinden sich noch andere Wesen außer dir hier?

Genieße es, hier an der Quelle des Ursprungs zu sein.

Spüre die Liebe, und tanke auf. Lasse dein Herz von Liebe überfluten und sende aus diesem Zustand heraus an alle Orte, zu allen Wesen deine Liebe.

Wenn dein Herz von der Liebe der Quelle erfüllt ist, kehre mit dem Einhorn der Liebe zurück an deinen Ausgangspunkt, und komme von Liebe getragen wieder an.

Hab einen LIEBE-VOLLEN Tag!

Botschaft der Selbstliebe von Lady Rowena und dem Einhorn Jennifee

Geliebtes Wesen,

zur Manifestation der Selbstliebe brauchst du so manchen Moment des Zweifelns, denn nur der Selbstzweifel lässt dich schlussendlich erkennen, wie wundervoll du bist, genau so wie du bist. Es ist Licht, das durch dich in die Welt scheint, Licht, das aus der höchsten Quelle der Göttlichkeit kommt und wirkt. Wenn Gott dich als Boten schickt, weil er dich so unendlich liebt, wie du bist, wie kannst du dann noch an dir zweifeln?

Irdische Maßstäbe gelten für das Göttliche nicht. Schön ist, was aus dem Licht der Liebe kommt, um genau die Seelenerfahrungen zu

machen, die du als Lichtwesen in einem menschlichen Körper machen darfst und sollst. Die größte Herausforderung dabei ist, selbst dein bester Freund oder deine beste Freundin zu sein. Du hast die Aufgabe, dich selbst bedingungslos zu lieben. Wenn du das nicht kannst, dann sind das die Stufen deiner Meisterschaft, die dich von Erfahrung zu Erfahrung tiefer in dein Bewusstsein und zu deinem Seelenfrieden tragen. Dieser Weg wird von euch oftmals als Leid empfunden. Wenn dieses Gefühl seine volle Kraft entfaltet hat, kommst du aus deiner Bequemlichkeit, aus deiner Unbewusstheit heraus in eine Phase großer Unsicherheit, weil du dich mit dem neuen dir noch unbekannten Weg und den damit einhergehenden Energien und Gefühlen vertraut machen musst. Das aber wiederum bringt dich in Bewegung, in Schwingung.

Wenn du dann alle Hürden überwunden hast, bist du wieder ganz bewusst bei dir, dir selbst wieder ein Stück näher – wie ein bester Freund.

Die Selbstliebe fragt dich, ob du deinen dir vorbestimmten Weg des Herzens in die Freiheit gehen möchtest?

Dazu gehört die Bereitschaft, dich selbst zu lieben, egal, was andere dazu sagen. Wir sagen dir von Herzen: »Lass die Leute reden! Wir sind immer an deiner Seite und schützen dich auf deinem Herzensweg, wir begleiten dich und schützen dein Licht!«

Es ist nicht wichtig, wie du aussiehst, wo du herkommst oder was du tust. Wichtig ist dein innerer Weg, folge ihm in dein Glück.

Vertraue uns! Auch wenn niemand sonst an deiner Seite steht, wir sind es, wir schützen und führen dich. Entzünde die Flamme der Selbstliebe in dir, in deinem Herzen, in deinem Tempel, auf dass sie dir den Weg zurück zur Quelle erhelle. Möge dein Licht anderen als Licht der Hoffnung und Liebe dienen.

Wir sind Lady Rowena und das Einhorn Jennifee

Alte Muster durchtrennen mit Lady Rowena und dem Einhorn Jennifee

Atme tief ein und wieder aus …
noch einmal tief ein und wieder aus …

und ein letztes Mal tief ein und wieder aus. Mit jedem Atemzug entspannst du dich. Du wirst immer ruhiger und gelassener …

Verbinde dich jetzt mit der Quelle der Liebe und spüre, wie dein Kronenchakra zu kribbeln beginnt und das Licht der Selbstliebe ganz angenehm sanft in dich hineinfließt. Es ist rosafarben und strömt nun in deine Zirbeldrüse, die ganz nah mit dem Kronenchakra verbunden ist und jetzt das rosafarbene Licht empfängt und dafür sorgt, dass du dich in göttlicher Harmonie befindest. Die Energie fließt weiter in dein ganzes Energie- und Körpersystem. Du spürst, wie sie ausströmt und sich ein unglaublich wohltuendes Gefühl in dir ausbreitet. Atme tief ein, lasse alles, was dich gerade noch beschäftigt, los und gib dich diesem tiefen Moment der Zufriedenheit hin.

Das rosafarbene Licht strömt nun direkt in deine Herzbahnen und verbreitet überall dort, wo es fließt, eine angenehme Wärme. Es ist wie heilender Balsam, der dein Herz mit dem Licht der Selbstliebe durchspült und reinigt. Ein zarter, rosafarbener Film legt sich schützend um dein Herz. Du verspürst eine unendliche Weite und Weichheit in deinem Herzen, sie schenkt dir jetzt den Moment der bedingungslosen Selbstliebe zu dir. Genieße diesen kostbaren Moment, und nimm dieses Gefühl in all deine Zellen auf. Spüre, wie perfekt du bist! Es gibt nichts, was in oder an dir nicht in Liebe ist. Du bist vollkommene Liebe!

Um diesen Urzustand der reinen Liebe in dir aufrechtzuerhalten, dürfen alle alten Muster, die dich davon abhalten, in vollkommener Selbstliebe zu dir zu sein, heute gehen.

Ich werde dich nun durch eine Selbstliebe-Meditation führen, die deine Herzheilung fördert. Die Bilder, die dabei in deinem Inneren entstehen sind so kraftvoll, dass sie deinen Körper tiefgreifend unterstützen.

Rufe bitte Lady Rowena und das Einhorn Jennifee an deine Seite.

Spüre, wie sich ihre Energie neben dir und um dich herum ausbreitet, wie du von einem rosafarbenen Lichtball schützend eingehüllt wirst.

Lade sie ein, noch näher zu kommen, und spüre ihre herzliche Berührung zur Begrüßung. Lade sie ein, jetzt und ab sofort in deinem Leben zu wirken, dir zu helfen und dich mit allem zu unterstützen, was ihnen möglich ist.

Das Einhorn Jennifee kommt dir ganz nah, schaut dich liebevoll an und spricht über eure telepathische Verbindung zu dir:

»Ich lade dich auf eine Reise durch deine Leben ein. Ich begleite dich durch jedes Jahrzehnt. Gemeinsam werden wir schauen, welche Glaubenssätze und Muster sich zu welcher Zeit in dir manifestiert haben, um sie dann am Ursprung aufzulösen und umzuwandeln.

Wir sind deine Begleiter und schützend an deiner Seite.«

»Ich bin Lady Rowena, geliebtes Wesen, wisse: Muster sind wie Netze. Ich reiche dir jetzt eine goldene Schere. Sie wird dein Werkzeug sein, um mit uns auf deiner Reise die Muster zu durchtrennen. Ich werde dich an den Ursprung führen. Jennifee wird die Netze, die alten Muster und Glaubenssätze, die dich umgeben und gefangen halten, durch die Berührung mit ihrem Lichthorn sichtbar werden lassen.

Schaue sie dir ganz genau an, und durchtrenne sie mit der goldenen Schere – ein Netz nach dem anderen, ein Muster nach dem anderen.«

Jennifee bittet dich, auf ihrem Rücken Platz zu nehmen. Du steigst ganz achtsam auf und legst deine Arme um sie. Ihr fliegt los, schwebt immer höher, immer weiter und wie durch gleißendes Licht werdet ihr durch Raum und Zeit getragen …

Die Reise auf der Ebene der Feinstofflichkeit beginnt im ersten Lebensjahrzehnt deiner aktuellen Inkarnation. Lady Rowena führt dich in diese Zeit zurück, vertraue und lasse ganz los. Vielleicht empfängst du Bilder oder Gefühle: Du musst es nicht bewusst erkennen oder benennen, lasse es einfach geschehen.

Jennifee berührt nun mit ihrem Lichthorn das Netz, die Muster und Glaubenssätze, die du n deinen ersten zehn Lebensjahren in dir manifestiert hast, und macht sie sichtbar.

Spüre das Netz, das dich umgibt. Nimm die goldene Schere zur Hand und durchtrenne es. Du befreist dich jetzt von all diesen Mustern und Glaubenssätzen.

Es ist nicht wichtig, zu wissen, welche es genau sind und waren, wichtig ist nur, dass sie jetzt gehen dürfen.

Wenn du das Netz durchtrennt hast, atme tief durch.

Lady Rowena sendet ihr Licht des Segens in dein erstes Lebensjahrzent, um die entstandene Leere mit vollkommener Selbstliebe zu füllen.

Die Reise geht weiter in dein zweites Lebensjahrzent.

Lady Rowena führt dich in diese Zeit zurück. Empfange jetzt die Bilder oder Gefühle. Du musst sie auch dieses Mal nicht bewusst erkennen oder benennen, lasse einfach geschehen.

Jennifee berührt nun mit ihrem Lichthorn die Muster und Glaubenssätze, die du von deinem zehnten bis zum zwanzigsten Lebensjahr in dir manifestiert hast, und macht sie sichtbar.

Spüre das Netz, das dich umgibt. Nimm die goldene Schere und durchtrenne es. Befreie dich von allen Mustern und Glaubenssätzen.

Wenn du das Netz durchtrennt hast, atme tief durch. Lady Rowena sendet ihr Licht des Segens in dein zweites Lebensjahrzent, um die entstandene Leere mit vollkommener Selbstliebe zu füllen.

Die Reise geht weiter in dein drittes Lebensjahrzent.

Lady Rowena führt dich auch in diese Zeit zurück. Empfange jetzt die Bilder oder Gefühle: Du musst sie nicht bewusst erkennen oder benennen, lasse einfach geschehen.

Jennifee berührt nun mit ihrem Lichthorn das Netz, all die Muster und Glaubenssätze, die du von deinem zwanzigsten bis dreißigsten Lebensjahr in dir manifestiert hast, und macht sie sichtbar.

Spüre das Netz, das dich umgibt. Nimm die goldene Schere, und durchtrenne es, befreie dich von den Mustern und Glaubenssätzen.

Wenn du das Netz mit der Schere durchtrennt hast, atme erneut tief durch. Lady Rowena sendet ihr Licht des Segens in dein drittes Lebensjahrzent, um die entstandene Leere mit vollkommener Selbstliebe zu füllen.

Wenn du dein jetziges Lebensjahrzent bereits erreicht hast, genieße einfach den Moment des Segens der Selbstliebe, und lasse dich für einen Moment vom ewig fließenden Strom der Liebe treiben, und lausche seinem Klang.

Für alle, die schon länger auf Mutter Erde sein dürfen, geht die Reise nun in größeren Schritten weiter, da die prägendsten Phasen stets die ersten drei Jahrzehnte eines Lebens sind.

Jennifee und Lady Rowena reisen mit dir in die drei Jahrzehnte zwischen deinem dreißigsten und sechzigsten Lebensjahr.

Empfange jetzt die Bilder oder Gefühle. Du musst sie nicht bewusst erkennen oder benennen, lasse einfach geschehen.

Jennifee berührt nun mit ihrem Lichthorn das Netz, die Muster und Glaubenssätze, die du in diesen drei Jahrzehnten in dir manifestiert hast, und macht sie sichtbar.

Spüre das Netz, das dich umgibt. Nimm die goldene Schere, und durchtrenne sie, befreie dich von diesen Mustern und Glaubenssätzen.

Wenn du das Netz durchtrennt hast, atme tief durch.

Lady Rowena sendet ihr Licht des Segens in dein viertes, fünftes und sechstes Lebensjahrzent, um die entstandene Leere mit vollkommener Selbstliebe zu füllen.

Jennifee reist mit dir in die Lebensjahre sechzig bis hundert. Du stoppst einfach in deinem jetzigen Lebensalter und genießt den Segen der Selbstliebe, der nun über dir und deinem Leben liegt.

Lady Rowena führt dich in diese Zeit zurück, empfange jetzt die Bilder oder Gefühle, du musst sie nicht bewusst erkennen oder benennen, lasse einfach geschehen.

Jennifee berührt nun mit ihrem Lichthorn auch dieses Netz, die Muster und Glaubenssätze, die du in den Lebensjahren ab sechzig in dir manifestiert hast, und macht sie sichtbar.

Spüre das Netz, das dich umgibt, nimm die goldene Schere und durchtrenne es, befreie dich von diesen Mustern und Glaubenssätzen.

Wenn du das Netz durchtrennt hast, atme erneut tief durch.

Lady Rowena sendet ihr Licht des Segens in dein siebtes, achtes, neuntes oder zehntes Lebensjahrzent, um die entstandene Leere mit vollkommener Selbstliebe zu füllen.

Lady Rowena blickt mit dir noch einmal in alle vergangenen Inkarnationen, um auch die letzten Muster und Glaubenssätze, die dich im Hier und Jetzt noch unbewusst belasten, aufzulösen. Bleibe dazu einfach an diesem wundervollen von Licht erfüllten Ort der Feinstofflichkeit. Lady Rowena trägt die Muster und Glaubenssätze zu dir, da du nicht noch einmal zurückreisen sollst. Spüre ein letztes Mal das Netz, das dich aus vergangenen Inkarnation noch hält, und durchtrenne es mit deiner goldenen Schere.

Lady Rowena sendet ihren Segen der Selbstliebe in alle deine vergangenen Inkarnationen und segnet die entstandene Leere mit vollkommener Selbstliebe.

Lady Rowena spricht:

»So schließt sich der Kreis. Wisse: Es ist nie zu spät. Alles, was dir begegnet, alles, was du erlebst, ja, wirklich alles hat einen Sinn. Bereue nichts.

Irgendwann werden wir alle erkennen, dass es nur einen Weg gibt: die Liebe. Die Liebe kennt kein Richtig oder Falsch, Schön oder Hässlich. Die Liebe ist bedingungslos.

So sei auch du in vollkommener Liebe zu dir, löse all deine Leiden durch sie, sie ist dein Weg.

Sprich mit mir folgende Affirmation in deinem Geist:

Ich bin die göttliche Kraft der Liebe in mir …
Ich bin die göttliche Kraft der Liebe in mir …
Ich bin die göttliche Kraft der Liebe in mir …«

Lady Rowena legt einen rosafarbenen Mantel der Selbstliebe um deine Aura. Atme das rosafarbene Licht tief ein und durch dein Drittes Auge wieder aus, noch einmal tief ein und durch dein Drittes Auge wieder aus, ein letztes Mal tief ein und durch dein Drittes Auge wieder aus.

Nun kannst du dich im Licht der Selbstliebe sehen.

Jennifee spricht:

»Geliebtes Wesen, ehre und achte dein Herz, deinen Körper, den heiligen Raum in dir. Er ist ein Tempel Gottes. Mit deinen Füßen wandelst du auf Erden, kannst die Wege der Liebe gehen.

Mit deinen Händen wirkst du, kannst die Taten der Liebe vollbringen. Mit deinem Mund sprichst du, kannst die Worte der Liebe kundtun. Mit deinem Herzen siehst du, es ist das Auge des Göttlichen und der Liebe in dir. Mit deinem Verstand denkst und lenkst du, er ist der Raum des Erwachens in dir.

Vereine die Liebe im Innen und im Außen, so, wie es deinem göttlichen Sein entspricht.

Kehre von Zeit zu Zeit in deinen Tempel zurück, sei dankbar für alles, was sich dir dort zeigt und lerne, deine Seele zu verstehen.

In tiefer Liebe und Verbundenheit werden wir dich auf deinem Erdenweg begleiten ...«

Lady Rowena legt zum Abschied ihre Hand auf dein Herz, bedanke dich bei ihr.

Jennifee reist nun mit dir zurück ins Hier und Jetzt. Sie bringt dich zurück zu deinem Ausgangspunkt und berührt zum Abschied dein Herz mit ihrem Lichthorn.

Bedanke dich auch bei ihr, und beginne erneut, tief ein- und auszuatmen. Mit jedem Atemzug holst du dich zurück in de nen Körper, den du nun vollkommen wieder spürst. Bewege langsam deine Hände, deine Finger, deine Füße und öffne die Augen. Sei wieder ganz hier.

Einhörner

und Elfen

*E*inhörner und Elfen haben eine magische Verbindung. Besonders die Einhornfohlen und Elfen spielen häufig ausgelassen miteinander.

Elfen gesellen sich gern zu den Einhörnern, da sie gemeinsam für das Naturreich wirken. Sie kümmern sich zudem liebevoll um deinen Garten, wenn du sie darum bittest.

Ich empfinde es so, als könnte die Anwesenheit eines Einhorns – also sein Schwingungsfeld – die Elfen und Feen und anderen Naturwesen sichtbar machen.

Ich habe einen Apfelbaum – meinen für die Einhörner geweihten Apfelbaum –, unter dem ich ihnen schon oft begegnet bin und unter dem sie sich gerne aufhalten.

An einem warmen Sommermorgen saß ich auf der Bank im Garten und trank eine Tasse Tee. Ich sah, wie die Luft um den Baum herum zu flimmern begann. Ein Energiefeld zeigte sich. Ich wusste, dass dies ein Einhorn war. Im nächsten Moment sah ich mit geöffneten Augen für eine Millisekunde eine Elfe und war so entzückt über dieses liebliche Geschöpf.

Bei einem meiner Seminare gingen wir zu einer Waldlichtung, von der ich wusste, dass sich dort Einhörner aufhielten. Wir nahmen die Energien war und machten Fotos, um die Einhörner in Form von Orbs um uns herum zu sehen.

Auf einem der Fotos fand ich hinterher nicht nur einen Orb, sondern einen Elf.

Begegnung mit Elfen und Einhörnern

Ich hatte eine zauberhafte Kindheit, denn ich durfte unter anderem meine magische Zeit bei meinen Großeltern ausleben. Meine Groß-eltern besaßen eine kleine Apfelplantage mit 44 Apfelbäumen. Am Ende dieser Plantage war ein sogenannter Knick (Wallhecke), der in ein kleines Wäldchen hineingewachsen war. Zu jeder Jahreszeit habe ich hier zu meinen magischen Spielgefährten Kontakt gehabt und freute mich immer wieder auf »Elfenjagd« zu gehen.

Die Elfen haben mich oft gerufen und zeigten mir den Weg, indem sie kleine Regenbogenschimmerpunkte über die Wiesen und Bäu-me tanzen ließen, denen ich nur zu folgen brauchte. Manchmal zeigten sie sich auch ganz offen. Die kleinen Elfen haben viel Hu-mor. Sie haben mich gern auf Trab gehalten, mich geärgert, erfreut und waren ungemein verspielt. Ab und zu dachte ich, dass es doch schön wäre, wenn ich eine Elfe mit nach Hause nehmen könnte, denn zu der Zeit wohnten ich und meine Familie schon über 800 Ki-lometer vom Elfengarten entfernt. Ich war von der Idee so begeistert, dass ich immer wieder versucht habe, eine zu fangen, jedoch stets ohne Erfolg, aber mit viel Gelächter aus der Elfenwelt sowie meis-tens bösen Blicken der Erwachsenen wegen zerrissener Blusen oder Hosen. Der Gedanke, dass ich eine Elfe mit ihrem Leuchten, Funkeln und Glitzern mit in den Kindergarten nehmen könnte, hat mich oft die Zeit vergessen lassen, wenn ich den kleinen Wesen hinterherge-jagt bin.

Bei einem dieser Abenteuer bin ich einer Elfe bis ans Ende des Gartens hinterhergelaufen. Die Blüten rieselten in diesem Jahr von den Bäumen, als wenn es schneien würde, denn es war gerade Apfelblüte. Ich bin der Elfe bis zum Knick gefolgt, der für mich immer etwas Gruseliges hatte, denn hier gab es viel Gestrüpp, Brennnesseln und schlechtes Durchkommen für kurze Beine. Doch die Elfe zeigte mir ein kleines Schlupfloch, durch das ich hindurchkroch. Auf der anderen Seite gelangte ich dann in ein Elfenwäldchen, ein kleines Wäldchen, das mit Sonnenlicht durchflutet war. Hier wuchsen viele Pilze, Beeren, und auch ein kleiner Bach floss in der Nähe. Ich weiß noch, dass mich die Elfen herangerufen hatten, denn sie wollten mir ganz genau zeigen, wo und wie sie wohnten. Die kleinen Lichtgestalten führten mich herum, und ich war total fasziniert davon, dass sie in Pilzen Regenwasser sammelten und diese als Wanne benutzen. Wir haben gemeinsam Beeren gegessen, gelacht, getanzt, gesungen, spielten Fangen und Verstecken, und ich wurde abwechselnd von den Elfen auf dieser Lichtung herumgeführt. Ich kann mich noch daran erinnern, dass wir uns kleine und große Blumen in die Haare gesteckt haben. Nach einer Weile wurde ich wohl müde, bin etwas in der Sonne eingenickt und ich erinnere mich noch ganz genau daran, dass ich von einem Schnauben wach wurde.

Ich öffnete die Augen und musste blinzeln, weil die Sonne mich blendete. Alles, was ich zuerst erkannte, war ein großer Schatten. Es sah aus wie ein riesiges Pferd. Es war strahlend weiß, hellleuchtend und duftete ganz wundervoll. Ich konnte beobachten, wie die kleinen Elfen dem Einhorn die Mähne flochten. Ich weiß noch, dass mir die Elfen schon einige Male erzählt hatten, dass wir Kinder immer so laut seien, dass wir uns eigentlich gar nicht anschleichen könnten und sie schon immer auf uns warteten. Als ich nun dieses riesige Tier erblickte, war ich starr. Ich war starr vor Angst, vor Ehrfurcht und vor Sorge, dass ich das Einhorn verscheuchen könnte, denn vorher hatte ich weder in meinen Träumen noch in Geschichten von einem Pferd mit einem Horn gehört oder dieses gesehen. Im ersten Moment dachte ich, dass sich das Tier womöglich mit dem Horn verletzt hätte und es gar nicht zu ihm gehöre, da es so fremd und doch vertraut auf mich wirkte. Ich überlegte, ob die Elfen dieses Tier hier auf ihrer Lichtung vielleicht pflegten, jedoch machte es nicht den Anschein, als ob es krank sei. Sein Horn funkelte, glitzerte und sah aus wie reiner Elfenstaub. Als ich mir erlaubte, zu atmen, schaute eine kleine Elfe zu mir herüber und kam zu mir geflogen. Während sie flog, konnte ich sehen, dass sie strahlend hell war, so wie das Horn des Tieres, und ich hatte das Gefühl, dass die Magie und die Kraft, die diese Wesen umgab, in der Gemeinschaft noch heller, kraftvoller und strahlender wurde. Sie setzte sich auf meine Schulter und versuchte, mir zu erklären, dass dies kein Pferd war, sondern ein Einhorn.

Die Einhörner haben eine ganz besondere Beziehung zu Elfen und den Wäldern. Es ist wie eine Art Kraftschildkuppel, die sie beide für sich nutzen, ergänzen, pflegen und hegen. Wenn sie zusammen sind, dann können sie sich gegenseitig aufladen und funkeln noch mehr. Sie sind Wesen des Lichts und lassen sich gegenseitig noch heller strahlen. Ihre eigene Magie wird stärker, aber auch die des anderen, ohne Kraft abzuziehen, sondern indem sie sich gegenseitig vervollständigen. Die Elfen lieben die Einhörner, und die Einhörner lieben die Elfen in einer tiefen und reinen Herzensverbindung. Sie erleben eine Ursprünglichkeit, Echtheit und Wirklichkeit, die ihnen in der Nähe von uns Menschenkindern nicht immer leichtfällt, und doch sehnen sie sich nach uns.

Ich stand ganz vorsichtig und für meine Verhältnisse ganz leise auf. Ich wollte dieses Pferd unbedingt anfassen, hatte aber gleichzeitig Sorge, dass es zerplatzte wie eine Seifenblase, und doch alles nur ein Traum war. Das Einhorn hatte einen Schritt auf mich zu gemacht, und ich konnte seine Nüstern berühren. Es war, als wenn ich das Samtkleid meiner Mutter und den Pelzmantel meiner Großmutter gleichzeitig gestreichelt hätte und mich durchfuhr ein kleiner, warmer und kraftvoller Blitz. Ich selbst fing in diesem Moment an zu leuchten. Ich spürte eine Vertrautheit, eine uralte Liebe. Ich streichelte den Kopf des Einhorns und berührte seine Mähne, die sich so weich anfühlte, dass ich keinen Vergleich dafür habe. Das Einhorn fing an, an jenen Stellen, an denen ich es berührt hatte, zu leuchten, und ich leuchtete auch. Wir bauten zusammen ein Kraftfeld auf, das uns verband. Ich war damals noch sehr klein und konnte nur die Teile des Einhorns berühren, die es mir entgegenstreckte, und doch fühlte es sich magisch an. Seine Augen und Wimpern haben mich an eine Meerjungfrau erinnert und ich musste lachen – denn das fand ich doch irgendwie abwegig. Doch das Einhorn ließ mich wissen, dass all diese Wesen mit mir und ihm verbunden seien und es selbst auch an eine Meerjungfrau denken musste. Ich weiß noch, wie die Magie plötzlich »durchbrochen« wurde, als meine Großmutter zum Kuchenessen gegongt hatte. Ich schaute Richtung Garten, und als ich mich wieder umdrehte, war die Magie verschwunden, und ich stand allein im Wald. Ich bin dann zurück durch das Schlupfloch in den Garten gekrochen, und dort stand es wieder. Es wurde von den Apfelblütenblättern geküsst, es schnaubte und schaute mich an. Ich bekomme heute noch Gänsehaut, wenn ich daran denke, denn ich wusste, wir sind verbunden. Eine kleine Elfe flog zum Kopf des Einhorns und durfte zwischen seinen Ohren auf ihm reiten. Beide wirbelten eben noch Blütenblätter auf und waren dann verschwunden. Erst Tage danach, als ich meinen Groß-eltern von dieser Begegnung erzählte, erklärte mir meine Großmut-ter, was ein Einhorn ist. Erst dann konnte ich diesem wunderbaren Wesen einen Namen geben, denn bis zu diesem Zeitpunkt kannte ich bloß ein Gefühl, Begriff und Wort das in meinem Kopf herum-schwirrte, das mir dieses Wesen mitgeteilt hatte.

Von da an wusste ich, was ein Einhorn ist und wie es sich anfühlt, wie es riecht und welche Magie es umgibt. Die Elfen haben mir an diesem Tag eine Verbindung zu einem Einhorn geschenkt und mich so einen Schritt weiter in ihre Welt gelassen. Sie zeigten mir die verborgenen Geheimnisse hinter dem Knick und eine Welt aus Licht, die für immer einen Platz in meinem Herzen hat.

Ich danke dir, liebe Melanie Missing, dass ich mich an diesen Tag noch einmal erinnern durfte und ich diese wertvolle Kindheitserinne-rung hier teilen darf. Ich danke dir von Herzen.

Schwarze Einhörner

*I*ch habe schwarze Einhörner immer dann wahrgenommen, wenn ich großen Schutz benötigte oder sie mir etwas tief in meinem Inneren Verborgenes zeigen wollten.

Schwarze Einhörner symbolisieren keinesfalls das Dunkle, ganz im Gegenteil. Sie sind unglaublich kraftvoll. Gemeinsam mit Erzengel Michael und den Legionen der Engel des Schutzes wirken sie zu unserem Schutz.

Wenn du dich aus irgendeinem Grund ängstigst, rufe eine Herde schwarzer Einhörner an deine Seite. Sie werden dich beschützen.

Erlebnis von Susanne Hühn

An einen wunderschönen Donnerstagabend saß ich neben meiner Freundin Melanie, und wir sprachen über ihr neues Buch. »Schreibst du mir was über deine Erlebnisse mit Einhörnern?«, bat sie mich und ich stimmte zu. Zweifelnd, denn so spektakulär sind meine Erlebnisse nicht. Das Einhorn ist mein spirituelles Krafttier, aber ich bin damit nicht nach außen sichtbar, es gehört nicht zu meinem Auftrag, die Einhörner sichtbar in die Welt zu bringen.

»In einer schamanischen Einzelsitzung, die ich gab, erlebte ich einmal, wie sich ein weiß schimmerndes Einhorn auf den Weg machte, um Seelenanteile meiner Klientin zurückzuholen. Diese Seelenanteile befanden sich in der unteren Welt, ja, sogar noch tiefer, man könnte sagen: in der Hölle. Für Drachen ist das kein Problem, aber das weiße Einhorn blieb am Eingang zur Hölle stehen.

Fasziniert beobachtete ich, wie es sich in einen schwarzen, feurigen Hengst ohne Horn verwandelte – in dieser Gestalt konnte das Einhorn die Seelenanteile, die sich in einem Pakt mit dem Teufel abgespalten hatten, zurückholen. Einhörner haben eine zu feine Schwingung, um in die Dunkelheit abzutauchen, zumindest erlebe ich das so«, sagte ich vorsichtig, ›sie ist die Expertin, was weiß ich denn schon über Einhörner‹, dachte ich.

»Aber das ist doch super«, antwortete Melanie auf ihre zauberhafte Weise, »das erlebe ich auch so, schreib das doch bitte!« Als ich am nächsten Morgen erwachte, schwang das Gespräch in mir nach und ich war traurig, dass die Einhörner mich so gar nicht nutzten, um sichtbar zu werden. In den Neunzigerjahren war das anders, ein Engel nach dem anderen sprach durch mich und ich schwebte mehr oder weniger durch die Welt. »Bin ich zu kritisch geworden«, fragte ich mich. »Nehme ich all das nicht ernst genug? Glaube ich womöglich nicht fest genug an Engel und Einhörner, wollen sie mich deshalb nicht?« Ich erlaube mir solche Gedanken, denn sie könnten schließlich stimmen. Ich möchte so gern auch wieder »genutzt« werden, dachte ich noch, da erschien plötzlich eine ganze Horde weißer Einhörner vor mir, Hunderte. Alle richteten ihre Hörner auf mich, und ich war erfüllt von einer unendlich liebevollen Energie.

»Du hast einen anderen Auftrag«, spürte ich, »du zeigst den Menschen, wie man fühlt.« Ich fragte zurück: »Was denn? Euch, die Engel, ihre Seelen?« »Nein«, antwortete das Licht der Einhörner. »Sich selbst. Bring den Menschen bei, wie man sich selbst fühlt, zeig ihnen die menschliche Ebene.« Zutiefst berührt – sie mochten mich noch!! – stand ich auf und begann meinen Tag – erfüllt, bestätigt in dem, was ich fühlte, besänftigt und in Frieden mit all den Lichtwesen, die jederzeit um uns sind und uns mit ihrem Sein erfüllen. Danke, liebste Melanie, für deinen Wunsch an mich.

Zentriere dich ...

Atme ein, und atme aus, komme zur Ruhe.

Halte inne, und bitte deine Einhörner im
Alltag immer mal wieder darum, deine innere
Mitte, dein Zentrum zu berühren und dich
wieder in Einklang, in Balance zu bringen.

Yin und Yang – alles im Ausgleich, oben wie
unten, rechts wie links, vorne wie hinten.

Einhorn-Energie

Steine und Edelsteine

*W*ir können selbst Einhorn-Steine kreieren, die wir dann als Talisman und/oder Schutzstein, Kraftstein, Mutstein usw. verwenden können.

Du kannst einen solchen Stein aber auch als ein ganz besonderes Geschenk für jemand anderen kreieren. Ob als Glücksstein oder Konzentrationsstein für eine Prüfung oder, oder, alles ist möglich.

Dazu bittest du entweder deine persönlichen Einhörner oder aber auch ein anderes Einhorn – wie z.B. das Einhorn Löwenherz, wenn es ein Schutzstein werden soll, – um seine Berührung und die Aktivierung des Steines.

So geht´s:

Suche dir einen schönen Stein aus – entweder einen, den du bereits in deiner Sammlung hast und sehr liebst, oder einen, den du bei einem Spaziergang findest. Wenn es ein Findling ist, frage ihn bitte, ob er als Einhornstein mitkommen möchte.

Du kannst dir auch überlegen, ob du den Stein anmalen oder ein Einhorn daraufzeichnen möchtest. Natürlich kannst du auch einen Edelstein verwenden.

Wenn du dir einen Stein ausgesucht hast, kannst du ihn wie folgt von den Einhörnern aufladen und segnen lassen:

Baue, wenn du möchtest, zuvor ein Energiefeld in deinen Händen auf – entweder so, wie du es gewohnt bist, oder aber wie ab Seite 87 im Kapitel »Einhorn-Energie empfangen« beschrieben ist. Dann öffne deine Hände, lege sie wie zu einer Schale zusammen, und lege den Stein hinein.

Rufe das von dir gewünschte Einhorn – es können auch mehrere sein – mit den jeweiligen Eigenschaften an, und bitte darum, dass

sie diesen Stein für dich oder für eine andere Person, an die du den Stein weitergeben möchtest, mit ihrem Lichthorn berühren und mit ihrer Energie ein- und aufschwingen, bis der Stein die höchstmögliche Schwingung in sich trägt.

Erbitte dann den Segen der Einhörner. Segne auch du den Stein mit deiner Liebe. Damit die Energie in ihm geschützt ist – egal, ob Findling oder Edelstein – erbitte von den Einhörnern ein schützendes Lichtsiegel.

Ein Lichtsiegel ist ein heiliges Symbol, dass von keiner Energie durchdrungen werden darf. Ich sage das deswegen, weil viele Menschen mit Fremd- und Negativenergien zu tun haben und oftmals Ängste bestehen, ob die Energie rein bleibt. Mit einem Lichtsiegel seid ihr ganz sicher. Somit ist der Einhorn-Stein fertig.

Übrigens: Auch Kinder lieben diese Steine sehr. Wir hatten schon viel Freude dabei, gemeinsam mit Kindern solche Einhorn-Steine zu kreieren.

Die Einhörner sagen, dass die Steine das alte Wissen in sich tragen und wir Menschen viel von ihnen lernen können. Lasse dich von ihrer reinen Energie aufladen, und lausche ihrer Weisheit.

Ihre Botschaft dazu lautet:

»Geliebtes Wesen, umgib dich mit Steinen und Edelsteinen, um die Kraft und das Wissen, das sie dir schenken möchten, in dir zu manifestieren. Die Hilfe der Natur ist wichtig für dich und deinen Weg. Du kannst dich mit dem Wesen der Steine verbinden, spüre ihre Kraft und nutze sie für dich, für dein Leben, und nimm ihr Geschenk in jeder Hinsicht an. Die Einhornenergie wird sich mit der des Steines verbinden, wenn du uns darum bittest, und seine Wirkung wird sich um ein Vielfaches intensivieren. Geliebtes Wesen, verbinde dich mit der Kraft der Steine.«

Sternenenergie

Das Einhorn Apollonia und Meister Sanat Kumara

Der Himmel sendet dir drei goldene Sterne.

Sie leuchten dir den Weg durch die Ferne,

begleiten dich durch die neue Zeit,

der Zauber der Zukunft ist nicht mehr weit.

Am Himmel leuchten deine drei goldenen Sterne,

senden dir Sternenstaub durch die Ferne,

der deine Seele von Karma befreit,

der Sternenstaub bringt dir Heilung
für die nun kommende Zeit.

Sternenglanz und Sternenschein, sie müssen wohl
aus dem Sternenbild des Einhorns sein.

Erkenne das Licht in all seinem Sein, innen so wie außen strahlend, hell und rein. Der Strahlen funkelnder Glanz, er bittet dich zum himmlischen Tanz. Tanze mit mir den Einhornreigen, ich will dir in unserer Dimension das göttliche Licht der Ewigkeit zeigen. Getragen durch die Kraft der Ewigkeit ist dieser Moment für dich bereit, bereit zu gehen weiter ins Licht, Apollonia spricht: »Komm mit mir, und fürchte dich nicht. Die neue Zeit steht für dich bereit, ich, Apollonia, gebe dir das Geleit!«

Spüre dein Sternenbewusstsein

*S*ternenbewusstsein erfüllt den Raum …

Bitte stelle dich jetzt für einen Moment aufrecht hin, und fühle ganz bewusst deinen Körper. Atme tief ein und aus, bis du völlig gelöst und entspannt bist.

Stelle dir vor, wie violettes Licht durch deinen Scheitel in dich hinein-fließt und sich wie eine Spirale durch deinen ganzen Körper zieht und dich reinigt. Es reinigt dich jetzt ganz besonders intensiv von jeg-lichem Elektrosmog, der sich in deinem Energie- und Körpersystem abgelagert hat. Du fühlst, wie er über deine Fußsohlen in die Erde hineingezogen wird und von dir abfließt. Mutter Erde transformiert jetzt diese Energie für dich.

Du atmest tief ein – vielleicht musst du auch gähnen, um den letz-ten Rest aus deinem Körpersystem zu entlassen.

Du bemerkst, dass Meister Sanat Kumara jetzt direkt hinter dir steht. Er legt seine Hände auf deine Schultern und spricht:

»Ich bin Sanat Kumara. Sei gegrüßt, geliebtes Wesen. Ich bin ge-kommen, um dein Sein zu erheben … dich anzuheben in dieser besonderen Zeit.

Ich helfe dir jetzt, deine Arme ganz entspannt seitlich anzuheben. Stelle deine Füße einen halben Schritt breit auseinder. Die Ausrich-tung deines Körpers zeigt nun die Form eines Sternes.

Du bist jetzt ein Stern, ein Fünfstern …«

Apollonia betritt den Raum. Sie steht jetzt direkt vor dir, schaut dich mit ihren großen Augen an und sagt:

»Ich bin Apollonia und freue mich sehr, hier bei dir zu sein, um dich jetzt mit dem Bewusstsein der Sterne aus meinem Lichthorn zu berühren.«

Apollonia berührt nun mit ihrem Lichthorn deinen Bauchnabel. Von dort aus verteilt sich eine warme, kribbelnde Welle in alle Richtungen deines Körpers, gleichmäßig in deine Beine und deine Arme bis in deinen Kopf. Vor deinem dritten Augen erscheint ein gleißend helles Licht, und du spürst, wie sich die Energie in dir und um dich herum ausbreitet und dich einhüllt.

Du beginnst zu leuchten, zu strahlen …

Setze oder lege dich nun hin, du leuchtendes Sternenwesen …

Apollonia wird auch die Sternenprinzessin unter den Einhörner genannt. Sie tanzt jede Nacht den Tanz der Sterne und transformiert das Alte, damit kommen kann, was kommen soll.

Sie bittet dich, jetzt auf ihrem Rücken Platz zu nehmen.

Du lässt deinen leuchtenden Sternenkörper für einen Moment zurück und steigst vorsichtig auf, denn es ist ein große Ehre von einem Einhorn getragen zu werden.

Du kuschelst dich an Apollonias Mähne und umarmst sie liebevoll. All dies geschieht auf der feinstofflichen Ebene …

Ihr fliegt los, immer höher und höher, direkt in den Sternenhimmel. Du glaubst fast, das Funkeln der Sterne hören zu können.

Du bist vom Glanz der Sterne umgeben und eingehüllt, die nun beginnen, zu singen und dabei ihren lichten Tanz für dich zu tanzen. Tanze mit ihnen. Tanze mit dem Leben. Fühle deine Freiheit, und freue dich über den Segen der Sterne.

Du schwebst gemeinsam mit Apollonia langsam auf eine Waldlichtung zu. Es ist eine warme Sommernacht und der Mond hat seine volle Größe erreicht. Ihr lasst euch gemeinsam an einem Baum nieder und schaut in den Sternenhimmel, genauer: auf das Sternbild des Einhorns.

Im nächsten Moment stupst Apollonia dich an. Du siehst, wie aus dem Sternbild des Einhorns drei Sternschnuppen losgesendet werden, die direkt auf dich zu zu fliegen scheinen. Apollonia sagt: »Schließe die Augen und wünsch dir was!«

Drei Sternschnuppen, drei Wünsche …

Du umarmst Apollonia und bedankst dich für diesen wundervollen Moment. Getragen vom Sternenlicht kehrst du zurück zu deinem Ausgangspunkt und fühlst dich unendlich frei, du geliebtes Sternenwesen.

Die Sterne weisen dir den Weg

Das Navigationssytem der Menschen sind seit ewigen Zeiten die Sterne. Besonders für Seeleute waren Sterne richtungsweisend. Alle großen bekannten Entdecker ob Marco Polo, Thomas Cook oder Magellan ließen sich von ihnen über den Ozean leiten. In der Bibel wird berichtet, wie die drei heiligen Könige dem Stern von Bethlehem folgten, um das Jesuskind zu begrüßen.

Sternbilder und Sternzeichen sind für jede Seele bedeutend.

Es gibt das Sternbild des Einhorns und es gibt das Einhorn Silberstern, das gemeinsam mit Erzengel Gabriel für uns Menschen wirkt. Sie helfen dir gerne beim Navigieren deines Lebensweges, wenn du sie darum bittest.

Erzengel Gabriel und das Einhorn Silberstern

Klare Ausrichtung

Rufe Erzengel Gabriel und das Einhorn Silberstern

Erzengel Gabriel steht nun vor dir. Er umfängt dich mit seinen großen Lichtschwingen und berührt deine Intuition. Das Einhorn Silberstern steht gleichzeitig hinter dir und berührt mit seinem Lichthorn dein Klarheitschakra, das sich in deinem Nacken befindet. Es stupst dich jetzt ganz liebevoll in die Richtung deines dir vorbestimmten Weges.

Erzengel Gabriel und das Einhorn Silberstern zeigen dir den Weg zu deiner Lebensaufgabe.

Erzengel Gabriel spricht: »Mutig bist du, und das macht mich unendlich stolz.

Es erfordert immer Mut, den direkten Weg zu wählen, denn man sieht vorher nicht, wohin er führt. Du kannst lediglich diese unendlich starke Liebe fühlen und durch sie lernen, der Führung zu vertrauen.

Obgleich alle anderen Wege wohl mit dem Verstand sichtbar sind, so führen sie dich dennoch immer wieder an denselben Punkt, zum gleichen Weg, den du schon von Anfang an hättest wählen können – den Weg, den du nicht sehen, sondern nur fühlen kannst.

Und heute, heute ist es endlich soweit. Wieder stehst du genau hier, an dieser Wegkreuzung, und kannst gehen, voller Mut und Vertrauen. Wir begleiten dich bei jedem deiner Schritte. Wir kennen dein Ziel, und navigieren dich auf dem Weg, den du gewählt hast.«

Führung und Zeichen verstehen

Wenn du nicht weißt, welchen Weg du einschlagen sollst, rufe Erzengel Gabriel und das Einhorn Silberstern und bitte sie um Navigation.

Ihre Berührung fühlt sich wie ein kühler Windhauch an, der deinen Geist klärt und deine Gedanken frei macht. Bitte sie, dir den richtigen Weg zu zeigen und dir ganz deutliche Zeichen zu senden, in welche Richtung du gehen sollst. Diese Zeichen können auch im Traum zu dir kommen. Wähle nun die eine passende Strecke für die jeweilige Geschwindigkeit, mit der du deinen Weg beschreiten möchtest. Möchtest du schnell vorankommen, dann wähle die Autobahn. Möchtest du die Schönheit des Weges wahrnehmen, wähle die Landstraße, solltest du noch unsicher sein, wähle den Feldweg, auf dem du langsam, aber stetig vorankommst.

Um die Wegweiser zu verstehen, gibt es eine leichte Methode: Schreibe dir jeden Weg auf einen Zettel, und gib ihm eine Richtung.

Ein Beispiel: Du hast dich um einen Job beworben und bekommst von zwei Firmen eine Zusage. Schreibe den Namen der ersten auf einen Zettel mit einem Pfeil nach links und kennzeichne die andere Firma auf einem zweiten Zettel mit einem Pfeil nach rechts. So machst du es dir in der Kommunikation mit der himmlischen Führung leichter, die Zeichen zu deuten, die sie dir senden. Du kannst dich auch auf die Zettel stellen und fühlen, wie dich Erzengel Gabriel und das Einhorn Silberstern berühren.

Rufe währenddessen dein inneres Pendel an. Bestimme im Vorfeld, welche Richtung für dich Ja, Nein oder Vielleicht bedeutet, und spüre, in welche Richtung es schwingt. Wenn etwas ganz und gar nicht stimmt, kann es sogar sein, dass du spürst, wie Silberstern dich vom Blatt herunterstupst. Du kannst die Richtungen natürlich auch um ein »nach oben« und »nach unten« erweitern.

Himmlisches Geleit ist dir in jedem Fall auf all deinen Wegen sicher.

Erlebnis von Michael Manthey

Lieber Leser,

Melanie kam auf mich zu und schrieb mir: »Der Sternenhimmel ruft.«
Sie hat mich gebeten, mein Wissen über die Sterne mit einzubrin-
gen. Daraufhin habe ich eine Trommelreise gemacht, wie ich es
für all meine SternenEnergie®-Themen mache. Die folgende Reise
habe ich lebendig erlebt und freue mich, diese mit d r hier teilen
zu können. An dieser Stelle möchte ich aber auch Melanie für ihren
Einsatz und ihr Vertrauen herzlich danken.

Dein Michael Manthey

Das sonnengelbe Einhorn begegnete mir auf einer Trommelreise in meinen inneren Garten. Seine Augen glänzten vor Freude und sein Kopf schaute stolz empor. Sein Fell glänzte in der Sonne, und es zeigte zum Himmelszelt hinauf. Wir kamen uns näher und verbeugten uns voreinander. Ich ließ es an meiner Hand schnuppern und spürte seinen warmen Atem. Plötzlich hatte ich das Gefühl, die Gedanken des Einhorns zu empfangen, und wir begannen zu kommunizieren. Ich habe mich mit Manny vorgestellt und sagte: »Ich bin der, der mit SternenEnergie arbeitet.« Das Einhorn erwiderte: »Ich bin Aragon und suchte genau dich!«

Eine Gabe, die mir auf allen schamanischen Trommelreisen gegeben ist, ist die Verwandlung. Und so nahm ich in diesem Moment die Gestalt des Einhorns an. Gemeinsam trabten wir über die Wiesen und durch die vom Sonnenlicht gold-grün schimmernden Wälder. Nach einiger Zeit stießen wir auf eine Gruppe schwarzer Einhörner mit dunklen Hufen und eine Gruppe silbrig schimmernder Einhörner mit leuchtenden, blauen Augen. Wir traten an diese Gruppe heran, und Aragon stellte mich als Manny, den Sternenschamanen, vor. Eines der Einhörner trat auf mich zu, stellte sich als Panterra vor und sagte: »Manny, wir machen jetzt eine Reise ins All, auf der du den Zusammenhang zwischen Einhörnern und SternenEnergie erleben wirst.« Und so stiegen wir gemeinsam mit weit ausgebreiteten Flügeln geführt von Panterra in den Himmel hinauf.

Wir flogen weiter und weiter aus meiner mir bekannten, inneren Welt hinaus in den dunklen Sternenhimmel. Die Sonne lag zentral vor uns und wirkte auf mich besonders warm und kraftspendend. Panterra erzählte mir, dass sie der Ursprung aller Energien sei, die sie zum Reisen im nahen Universum brauchten. Je weiter sie sich von ihr entfernten, desto mehr halfen alle anderen Sterne mit ihrer Kraft beim Reisen. Der heutige Ausflug ging zum Pferdekopfnebel.

Dieses gigantische Sternenstaub- und Gasgebiet ist der Ursprungsort von Panterras kleiner Einhorngruppe. Innerhalb dieses großen Gebietes gibt es einen Ort, an dem sie aufwachsen. Der uns bekannte Pferdekopf hat nicht umsonst dieses Symbolbild.

Ich fragte Panterra, ob es mehrere solcher Orte im All gibt, da mich immer mehr Menschen darauf hinweisen, dass einige meiner Bilder Einhörner enthalten. Darauf erwiderte Panterra, dass es insgesamt 107 Himmelsobjekte mit Einhornstrukturen neben dem Pferdekopfnebel gibt, die man von der Erde aus sehen kann. Einige wie den Orionnebel, Pac-Man-Nebel, Trifidnebel und Nordamerikanebel habe ich schon in meinen Bildern erkannt. Weitere werden sich mir und anderen offenbaren. »Jeder dieser Orte steht für eine Einhornenergie und beherbergt eine eigene Gruppe von Einhörnern«, erklärte Panterra und sagte weiter: »Wir unterscheiden uns in Fell-, Huf- und Augenfarbe. Je nach Aufgabe in deinem Leben stehen wir dir beiseite. Mit unterschiedlichen Methoden kannst du genau dieses Wissen zu dir einladen, z.B. durch Melanies Essenzen, deine Sternenbilder oder durch die verbundenen Energien einer Reise wie heute. Vieles von diesem Wissen finden wir in unterschiedlichen Formen wieder. Die Menschen, die ihre Einhornenergien in den Sternenbildern von dir, Manny, finden, sind für die neue Zeit gestärkt und haben mit den Einhörnern zusammen die Möglichkeit, die Sternentore zu nutzen. Schau mal, Manny, der Pferdekopfnebel ist nun ganz nah. Wie du siehst, haben wir im Inneren Sterne, und die Planeten kreisen um diese Sonnen herum. Schau, diesen Planeten steuern wir jetzt an.«

Ich war von diesem Ausmaß an Schönheit überwältigt und passte nicht genau auf, wo und wie wir jetzt genau flogen. Aber unter mir tauchten Berge und Täler auf. Meine Gruppe zog im Sturzflug eine grandiose Rechtskurve und wir landeten auf einer Wiese. Die Blumen dufteten herrlich und blühten im irrealen Licht zweier Sonnen. Mir wurde warm und ich erkannte, dass die Gruppe eine perlmuttschimmernde Fellfarbe bekommen hatte. Ein Blick zurück auf meinen Bauch ließ mich erkennen, dass ich dieselbe Fellfarbe hatte. Panterra kam zu mir und sagte: »Manny, wir zeigen dir heute die Quelle der Liebe, der Warmherzigkeit und der guten Verdauung. Denn das sind unsere Energien.«

So trabten wir gemeinsam weiter durch diese außergewöhnliche Landschaft. Sie zeigten mir Pflanzen, die Herzschmerz heilen und Bäume, deren Blätter die Verdauung regeln können. Früchte, deren Energie einen warmherzig und freundlich macht. Zur Steigerung dieser Energien tranken wir weiches, voluminöses, frisch und kalt schmeckendes Bergquellwasser aus einem Fluss, der mich an meinen Lebensfluss erinnerte – mit großen Steinen und schnellen Passagen, durch die sich das Wasser schlängeln musste. So gestärkt und beschenkt mit dem Wissen der Einhörner der Pferdekopfregion setzen wir die Heimreise an. Unter all diesen Eindrücken der großen Herzensgüte und der unendlich scheinenden Kraft des Bergquellwassers reisten wir in meinen inneren Garten zurück. Ich dankte Panterra und seiner Gruppe mit einer tiefen, herzigen Verbeugung für das entgegengebrachte Vertrauen und den Einblick in den Zusammenhang zwischen den Einhörnern und der SternenEnergie®. Mit diesen Eindrücken brachte mich Aragon zu meinem Lebensbaum zurück, an den Ort, wo dieses Abenteuer begann.

lokah samastah sukhino bhavantu –
Mögen alle Wesen in allen Welten
glücklich und in Frieden sein.

In Liebe
Eure Melanie Missing

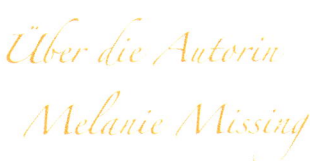

Über die Autorin
Melanie Missing

Melanie Missing erhielt aus der geistigen Welt den Auftrag, die Tore für die Einhörner zu öffnen, damit sie wieder ganz nah bei uns sein können. Der Auftrag der Einhörner ist es, die Menschen bei der Erfüllung ihrer Lebensaufgabe zu unterstützen. Melanie Missing bringt die Menschen wieder in Kontakt mit ihren persönlichen Einhörnern. Geführt wird sie dabei durch die Einhornherde der Weißen Bruderschaft, insbesondere durch das Einhorn Sirius vom Hohen Rat der Einhörner, der ihr die Anliegen der Einhörner mitteilt. Sie gibt Einhornseminare, Meditationen und Einzel-Einhornsitzungen. Im »Garten Eden«, Melanie Missings Schulungsinstitut für Einhornenergie, kann man sich zum Unicorn-Energy-Practitioner ausbilden lassen und auf diese Weise noch mehr Menschen an der großen Liebe der Einhörner teilhaben lassen.

www.einhornessenz.de

Jeanne Ruland

Jeanne Ruland bereiste viele Jahre als Flugbegleiterin die Welt. In den besuchten Ländern erhielt sie vielfältige Einblicke in die verschiedensten Facetten der Schöpfung, wobei ihre Liebe dem tieferen Sinn des Lebens gilt. Sie erfuhr schon in frühen Jahren die Führung und Fügungen des unsichtbaren Reiches und damit die unglaubliche Fülle und Kraft, die das Leben für den Menschen in den unterschiedlichsten Lebenslagen bereithält. Dies möchte sie in ihren Büchern an die Menschen auf dem Weg weitergeben.

www.shantila.de

Eva-Maria Mora

Evc-Maria Mora ist Autorin, Medium und Gründerin der Quantum Engel Heilung®. Diese neue Heilmethode bzw. Energiemedizin der neuen Zeit, basiert auf den Grundlagen der Quantenphysik und der Energieheilung mit Engeln. Eva-Maria Mora gibt QE-Einzelsitzungen, bildet QE-Heiler aus, hält Vorträge und leitet live und online Workshops in den USA und Europa.

www.quantumengel.com

Susanne Hühn

Susanne Hühn ist ausgebildete Lebensberaterin, ganzheitliche Physiotherapeutin und erfolgreiche Autorin spiritueller Selbsthilfebücher und Romane. Seit 1986 begleitet sie Menschen auf ihrem Weg zur Gesundung. Ihre mittlerweile in großer Zahl veröffentlichten Sachbücher, CDs und Romane gehören zu den Bestsellern des Schirner Verlags. Ihr Wissen vermittelt sie zudem in Vorträgen und Seminaren im In- und Ausland.

www.susannehuehn.de

Anne-Mareike Schultz

Bereits im Alter von 11 Jahren empfing Anne-Mareike Schultz Botschaften von Delfinen. Außerdem beschäftigte sie sich schon früh mit schamanischem Wissen. Das Erschaffen von Kraftobjekten des Herzens, von Trommeln und Rasseln ist eine ihrer Leidenschaften. Heute ist sie als Heilpraktikerin tätig und arbeitet mit ihrer Zwillingsschwester in einer Gemeinschaftspraxis.

www.naturheilpraxis-schultz.de

Isabelle von Fallois

Nach einem Nahtoderlebnis im Alter von acht Jahren hatte Isabelle von Fallois immer wieder Zukunftsträume und Visionen, doch die Musik war und blieb ihr Ein und Alles. Aufgrund ihrer Leukämieerkrankung vor vierzehn Jahren begann sie, sich äußerst intensiv mit Engeln und anderen Lichtwesen zu beschäftigen. Die physische Erscheinung von Erzengel Raphael 2004 veränderte alles! Heute reist sie durch die Welt, hat vier Bücher geschrieben, mehr als 50 gechannelte Meditationen aufgenommen und das ANGEL LIFE COACH® sowie das ISIS ANGEL HEALING® und das MAGDALENE HEALING® entwickelt. Ihr Herzenswunsch ist es, die Herzen der Menschen für die unendliche Kraft der Liebe und der lichten Wesen zu öffnen, sodass sie, gemeinsam mit diesen, Wunder für ihr Leben ko-kreieren und das Leben ihrer Träume führen können.

www.isabellevonfallois.com & www.AngelLifeCoachTraining.com

Sonja Ariel von Staden

Sonja Ariel von Staden ist Künstlerin und Autorin mit Leib und Seele. Auch schreibt sie Gedichte und Geschichten und hält Seminare. Seit 1991 hat sie zahlreiche Ausstellungen, Lesungen und Veranstaltungen in Deutschland, Österreich und in der Schweiz gegeben.

www.sonja-ariel.com

Michael Manthey

Der Informatiker Michael Manthey beschäftigt sich seit 2000 mit semiprofessioneller Astronomiefotografie. Dabei interessieren ihn besonders Fragen über die Auswirkungen des Universums auf die Menschen sowie die Frage der Verbindungen zueinander. Die Erfahrungen im Bereich des Schamanismus und des Geistheilens sowie weitere Techniken führen ihn zu Antworten, die er in Coachings mit Unterstützung eigener Astronomiebilder weitergibt.

www.SternenEnergie.com

Carola Gümüs

Carola Gümüs war als Grafikerin viele Jahre in der Werbebranche tätig. Mittlerweile lebt sie mit ihrer Familie in der Nähe der Alpen in enger Verbundenheit mit den Naturreichen. Sie gestaltet als freischaffende Malerin und Illustratorin neben traumhaft farbenfrohen Seelenbildern auch persönliche Drachen-, Engel- und Einhornsteine, die es ihren Besitzern ermöglichen, diese Lichtenergie stetig bei sich zu tragen und zu nutzen. Dabei arbeitet sie medial, mit heilenden Farben, Symbolen und den Informationen, die sie aus den geistigen Reichen empfängt.

www.herzfunke.com

Katharina Kelting

Katharina Kelting wurde 1979 in Hamburg geboren, wuchs aber in ländlicher Idylle auf. Schon als Kind hatte sie bereits eine tiefe Verbindung zur Natur und zu den Tieren und lernte das Zeichnen und Malen mit Leidenschaft. Auch handwerkliches Arbeiten machte und macht ihr bis heute großen Spaß. Im Jahr 2007 machte sie sich dann mit Ihrem Atelier »Schwarzes Einhorn« selbstständig. Sie illustriert seitdem Kinderbücher und malt Auftragsarbeiten in verschiedenen Maltechniken. Auch andere handwerkliche Arbeiten mit Materialien wie Horn, Knochen, Holz und vielem mehr gehören zu ihrem Repertoire. Die schönste Anerkennung für sie ist, wenn ihre Arbeiten den Menschen ein Lächeln auf die Lippen zaubern.

www.schwarzes-einhorn.com

Abbildungsverzeichnis

© Carola Gümüs: S. 7, 11, 29, 45, 51, 57, 59, 75, 81, 108, 115, 117, 119, 125, 139, 159, 164, 167, 173, 174, 177, 185, 187, 200, 205, 215, 229, 235, 237, 240, 243, 247, 252

Bilder von der Bilddatenbank www.shutterstock.com:

Schmuckelement: #128733974 © USBFCO, #66592978 © Extezy, #84464092 © Anasteisha, #55699414 © sergografik, #63022357 © PinnacleAnimates
S. 9 #144521222 © JBOY
S. 17 #112445420 © Megin
S. 35 #98341751© Elenarts, #164865167 © Lopatin Anton
S. 39 #156271139 © bogdan ionescu
S. 241 #119866270 © Miloje

© Katharina Kelting: S. 33, 49, 98

© Andreas Klein: S. 67

© Sonja Ariel von Staden: S. 87, 111

© Michael Manthey: S. 255

© Melanie Missing: S. 103, 157